こちら、発達障害の世界より

生きやすく生きることを求めて

難波寿和

ミライのパスポ
本の種出版

こちら、発達障害の世界より

生きやすく生きることを求めて

難波寿和

はじめに

小さい頃から、言葉はへたくそで、乱暴で、怒りやすくて、泣きやすかった。「なんでボクの気持ちが分かってもらえないんだ！」と叫び続けた。周りの人が困っているのは、痛いほど分かっていたが、しかしボク自身の行動を止めることはできなかった。まるで、周りを困らせるのが、ボクの仕事であるかのように。そう、迷惑《めいわく》をたくさんかけてきた。今思えば最低でクズのような人間だった。周りの人は口を揃《そろ》えて言った、「それでは、大人になってから困るぞ」と。

30歳で発達障害と診断《しんだん》が下りた。「やはりボクは、普通の人とは違う世界の人間だったのか」と心の中で繰り返した。そこから、ボクは人生を一度捨てた。見事《みごと》に捨てた。逃げて死んでしまいたかった。頭の中では、常にリセットボタンを押し続けていた。でも終わらなかった人生に、毎日絶望した。

あるとき、大阪に住む友人が、診断の下りたボクに少し笑いながら言った。「お前は、発達障害の診断以前に、元から変人だぞ」と。

そこで、はっと気がついた。ありがたかった。心の底から救われた気がした。世界は違っても同じ人間として認めてくれる存在がいるなんて。心から泣いた。それ以降から、ボクの人生は変わった。「一度捨てた人生だから、生きやすく生きてもよいのではないか?」と思うようになった。

話は変わるが、ボクは支援者(心理士)でもある。そう、診断が下りる前から。発達障害の人やその他の障害をもつ子どもから大人までの支援や療育《りょういく》、相談業務、保護者支援、きょうだい支援などもしてきた。有名でも、凄腕《すごうで》でもなく、普通の支援者だ。

ボクにも支援者としての〈信念〉はある。「当事者、家族に耳を傾《かたむ》けること、そして、あきらめずに解決に導《みちび》くこと」を大切にしている。当事者が何を感じ、何を思い、そしてどうしたいのかを全力で拾っていく努力をしていく。時には訴《うった》えに耳を傾け、時にはデータを取り、時には声にもならない声を拾うように姿勢やしぐさを見極めていく。へたくそながらも、全身全霊《ぜんしんぜんれい》で向き合うようにしている。

発達障害の人に対して関わるときには、この人の世界はどういう世界なのだろうと思いながら話を聞く、様子《ようす》を観察する。一人ひとり、実に変わった世界をもっている。いつも気づかされる。「あなたは、そう考えていたのか！」と感動する。思いもよらぬところで、当事者の方は、成功する。それがトイレでの排泄《はいせつ》や、発声・発語から就職できたことまで、そういった感動を当事者や家族と日々共有しながら、成長発達を見つめている。

はじめに留意しておいてもらいたい。この本はあえて、ハウツー本にしていない。当事者としての信念、支援者としての信念を書きつづっており、発達障害についての考え方のひとつの参考資料にしてもらえたらと思っている。そして、ボクの自叙伝《じじょでん》を通して、一風変わった発達障害の世界をのぞいてほしいこと、それを支援や配慮《はいりょ》にどうすればつなげていけるかを考えるきっかけになればと思う。

「発達障害の世界から、生きやすさを込めて」

難波《なんば》寿和《ひさかず》

もくじ

第3章 ボクの生きやすさ改善術・障害受容――オモロイ世界に向けて　147

第1章

生きやすく生きられない

——発達障害と診断されるまで

◎ボクの世界について

障害者としてではなく、一人の人間としての自分を見てほしい

ボクには、障害があります。人の手助けがないと、生きていくことができないのです。障害があるから、場の空気も読めませんし、人を傷つけてしまうことだってあるかもしれません。

障害を開示《かいじ》しなければ、就労《しゅうろう》もまともにできません。家のことだって、一人では全《まった》くできません。片づけにしても、部屋がぐちゃぐちゃでどうすることもできません。書類の整理もできないため、電気もガスも止まったことがあります。

発達障害があることで、生活が不自由なのです。だから困っているので、社会の皆さん助けてください。毎日が不幸で、幸せに感じられないです。

「障害があるのです。ご理解をいただきたい」

「障害があるのです。助けてください」

「障害があるのです。かわいそうな存在なのです」
「障害があるので、障害があるので、障害があるので……」

——というように、言えばよいのでしょうか？

ボクは好きで障害者になったわけではないし、好きで不自由な生き方をしているわけでもない。哀《あわ》れな目で見られたくもない。障害があることで、常に一般の人間と一緒《いっしょ》ではないという偏見《へんけん》の圧力にも負けたくない。同情をされたくもない。

ボクが言いたいのは、「障害者のボクではなく、一人の人間としてのボクを見てほしい」ということなのです。

発達障害特有《とくゆう》の世界、ボクの感じる世界

「発達障害特有の世界はある」と、ボクはいつも講演で話しています。

発達障害は、脳の障害と医学的には説明されていますが、発達障害特有の世界の話をするときには、『文化的な視点』で話をさせていただくことになります。医学的な症状や状態

と厳密《げんみつ》に照らし合わせながら書かせていただくと、若干《じゃっかん》の差異《さい》が出てきてしまうため、この本では発達障害の文化といった切り口で話を進めていくことを、ご了承《りょうしょう》いただきたいです。

ボクは、小さい頃から周りの人とは違っていたようです。一般的にも、発達障害をもつ当事者の方と話をしていると、人といることや、集団でいることへの違和感《いわかん》を抱《いだ》いている場合が多いです。あるとき、母親からは「宇宙人を育てているようだ」とたとえられたぐらいだから。

ボクは、出生《しゅっしょう》前後は特に問題もなかったらしい。母親が所持していた母子《ぼし》手帳を見ても、身長・体重ともに平均ぐらいで、もちろん1歳半健診、3歳児健診で指摘された形跡《けいせき》もなかったです。幼少期の写真を見て振り返ってみても、他の子どもに普通に混じって遊んでいたし、特段変わった様子《ようす》を示した写真もありません。

でも、ボクがその発達障害特有の世界に気づいたきっかけというのが、心理士として発達障害の子どもや成人の人たちからの語りを聞き始めたときで、「あぁボクはやっぱり変だ」と感じるようになったのです。発達障害の人たちの感覚と、ボクの感覚が非常《ひじょう》に似ていた。特に、集団時に感じる不安や脅威《きょうい》に強く共感することが多かったです。

幼少期の頃を思い出してみると、とにかく家にいることが安心で仕方がなかった。家にいると、いつも同じ絵本があり、いつも同じテレビが置いてあり、いつも同じおかあさんがいる。そんな安心感の中でずっと暮らしていけることに、何よりもほっとできた。発達障害の人の中でも自閉《じへい》スペクトラム症（ＡＳＤ）の人たちが、変わらない環境を好むのと全《まった》く同じだったのです。

そんなボクが感じてきた、そして今も感じている世界を、ボク自身の視点を通して、これからご覧いただきたいと思います。

Ⅰ

パニックの世界

パニックの世界はとても美しい。
それは純粋《じゅんすい》な感情があふれ出るから。

パニックは、
周りを困らせることもあるかもしれない。

だけど、
一番つらいのは、
ボク自身なんだ。

パニックになれば、
世界が終わる感覚が毎回訪《おとず》れる。
それを知ってほしい。

母子分離不安《ぼしぶんり》——母親を探し回った日々のこと

ボクは、三人兄弟の末っ子《すえっこ》だった。二人の兄は7歳と6歳も離れており、ボクが物心ついたときには、日中は母親とだけになることが多かった。父親は仕事が忙《いそが》しく、夜にならないと帰らないことが多かった。休みの日も、仕事に出ることが少なくなかったらしい。

2、3歳の頃は、ボクは家で一人遊びをしていたことがほとんどだったと思う。兄も学校に行っていたため、一人で遊んでいた記憶しかボクにもない。

一人で人形を並べたり、ブロックで遊んだり、ボールで遊んだり、ミニカーで遊んでいたりしていたと思う。母親は家事だけでなく、本を読んで勉強していた時期でもあったから、とても忙しそうにしていた。

ボクはよく家の中で、いなくなった母親を探し回っていた。家の中にいても、母親の姿が見えなくなると、大騒ぎして泣きながら探していた。

それにはきっかけがあった。ボクの喘息《ぜんそく》が酷《ひど》かったので、母親は、病院の先生から症状をやわらげるために「プールに行かせたほうがよい」と聞いて、隣《となり》の市のプール教室に通わせるようになった。そこには、母親と離れてプールで活動する決まりがあったため、離れざるを得なかった。

プールの指導員さんが、母親からボクを引き剥がしていた記憶が、今でも鮮明《せんめい》に残っている。薄暗《うすぐら》い部屋（プールサイドかもしれない）の中に子どもがたくさんいて、みんな笑っていたり、遊んでいたりしているところで、ボクだけが大泣きしていた。「おかあさん、おかあさん」とずっと泣き叫んでいた。

とにかく怖かった。何がなくても怖かった。ボクにとっては、その場所に安心できる物や人が何ひとつなかったから、それが恐ろしくてたまらなかった。心のよりどころが一切《いっさい》なかったのだ。

指導員さんに抱きかかえられることも怖かった。あやしてはくれたのだが、それはボクが納得《なっとく》のいく抱き方でもなかったし、ただでさえ帰りたいのに、帰してくれない怖さと、いつまでここにいなければならないのかという見通しのなさから、何か月もパニックになっていた。母親としては、ボクのパニックよりも、喘息で死なれるほうが心配だったので、泣いていたのもさほど気にしていなかったと言っていた。

それからというものの、いつ、どこで、母親がボクを置いていくのか分からなくなってしまったため、家でも外でもずっと母親を探し回っていた。ボクが好きな玩具《おもちゃ》で遊んでいるときに、ふとその記憶がよみがえり、怖くなる。それは本当に突然やってくる不安で、特に予兆《よちょう》はない。

そんなときに母親がそばにいないと分かってしまうと、泣き叫んで母親を呼んだ。そんな毎日を続けていた。

今のボクが思うこと

発達障害をもつ人には、ボクのような母子分離《ぼしぶんり》不安や、特定の場所や場面に恐怖を感じたりする人がいます。何が苦痛か、何がつらいのかということを、本人が声に出して伝えられればよいのですが、それができないことが多いです。集団に参加することと自体がそもそも不安だったり、母親という安全基地を失《うしな》うことで見通しが立てられずパニックになったりする子どももいます。

ボクの場合は、母子分離不安が強かったですが、母親はボクが納得《なっとく》するまで気持ちの切り替えに付き合ってくれていたように思います。保育所の送り迎えのときに不安が強くても、母親はボクを自転車の後ろに乗せて、これから何をどうするのか、よくよく予告をしていたような記憶もあります。怒って怒鳴ったりすることは、決してありませんでした。

買ってもらえないがゆえのパニックと、心の落ち着かせ方

母子分離《ぼしぶんり》不安もあったが、外でも困ったことを多くしていたと思う。スーパーの買い物についていくと、ボクはよく迷子《まいご》になっていた。スーパーに到着して、車から降りると「よし今日は玩具《おもちゃ》を買おう」と自分で勝手にルールを決めていた。

好きな玩具つきのお菓子が買いたい一心で歩いているものだから、突然母親を見失《みうしな》う。これは小学校の高学年まで続いていたと思う。ここでも、よく母親を探していた。次の棚《たな》の列にはいるだろうと探し回るが見つからない、だんだん不安になって「おかあさーん」と泣き叫ぶことが多かった。母親がひょこひょこそのあとに出てくるのだが、ボクとしては

天地がひっくり返るぐらい不安な出来事《できごと》なのだ。

そして、母親の位置がだいたい分かると、安心して玩具つきのお菓子コーナーに行く。今日も買ってもらえる。今日もなんとか買ってもらいたい。お菓子を手に持って母親に見せるが、母親はやさしく「今日は買わない」と言い、お菓子を棚に戻す。

そうしたら、好きなお菓子とは一生の別れだとボクは思ってしまい、泣いてはいけないと分かっているけれども、どうしても母親に買ってもらいたいと思い、一生懸命お願いをする。心の中では、今日だけ、今日が最後、もうこれで終わりだからと泣いているが、母親は「置いて帰るよ」と言い、その場を去ってしまう。

ボクは、その玩具（お菓子）とは一生の別れなのだと思い、今日は買ってもらえるという淡《あわ》い期待を抱《いだ》きつつ、スーパーの床《ゆか》に泣き崩れる。

そんなことの繰り返しだったが、時々は母親が根負けして玩具を買ってくれる。この経験こそがボクの泣きを酷《ひど》くしていたのだと、成人になって発達障害の勉強をしてから分かった。

泣き叫ぶパニックになったとき、ボクは寝転ぶことが多かった。どこでもかしこでもだけれども、それには理由があった。ひんやりとした床、生温かいアスファルトの感覚がとても心地よかった。

ボクの身体の熱が床や石に伝わって、同じ温度になると不快になるため、また場所を移す。そうして心と地面が一緒《いっしょ》になっていく感覚が、ボクにとっては心を落ち着ける手段になっていた。それ以外の声かけや外部の刺激は、切り替えを邪魔《じゃま》するものでしかなかったと思う。

今のボクが思うこと

小学校に進学してからは、母親と交渉《こうしょう》するようになりました。今日は買ってもらえるのか、いつになったら買ってもらえるのか、何度も話をしていた気がします。

小学校の高学年になると、お財布《さいふ》を持たせてもらい、自分でお金を支払うようにもなりました。中学校・高校以降は、1万円以上するものは、母親は「私では決められないからお父さんに相談しなさい、私から話してあげてもよいし」と言ってくれました。

徐々《じょじょ》に自分でお金を使える感覚や、誰《だれ》に話を通したら解決するのかを明確にしてくれたことは、ありがたく思っています。

ちょっかい行動を止められない『お花畑パニック』

講演で「大人が何度も怒っても、笑ったままちょっかいを繰り返す子はいませんか?」という話をする。それをボクは『お花畑パニック』と説明している。なぜパニックと呼ぶのかというと、本人自身がコントロールを失《うしな》っている状態で、どうすることもできないからと話している。

ボクも小さい頃に、兄二人とじゃれあうことからのケンカが絶えなかった。ボクは兄をくすぐったり、勉強の邪魔《じゃま》をしたり、テレビの邪魔をしまくっていた。それは、兄が怒るところを見るのが好きだったから。

普通の子どもは、どうやったら相手が笑ってくれるのかを考えるかもしれないが、ボクには、どうすれば相手を怒らせられるのかが興味《きょうみ》の対象だった。笑ってくれるのは、本当に少しの間《あいだ》だけだし、怒ったほうが長い時間ボクをかまってくれるわけだし、兄が鬼の形相《ぎょうそう》で追いかけてくる特典もついてくるのが、どうにもやめられなかった。

一度頭の中にお花畑が咲いてしまうと、自分では止めることがどうしてもできない。頭の中では「もっとやってしまえ、もっと刺激が欲しい」となってしまい、どんどんエスカレートしていく。最後に兄から痛覚《つうかく》をともなう反撃を受けることで、お花畑から地獄へ転落するパニックに移行してしまい、母親のところに助けを求めにいくというのが毎回の流れだった。

このちょっかい行動が兄だけで収まっていればよかったのに、それだけでは飽き足らず、保育所の友達、学校の友達と移行して試していったものだから、いろんな人から怒られまくったという記憶がある。

今のボクが思うこと

今振り返ってみても、自分ではどうすることもできなかったので、別の部屋や外などに移動させて、クールダウンするようにさせてほしかったと思っています。場面の切り替えがあるだけでも心は落ち着いてくるし、自分が何をやったのか、何がいけないことだったのかを振り返ることだってできたかもしれません。

発達障害の子どもには、お花畑パニックで切り替えができない人が多くいます。最終的には、周りの誰《だれ》かが怒って、本人が沈静化《ちんせいか》するという構図《こうず》が成り立ちやすいのですが、そういう対応ばかりが目立つと、子どもは叱《しか》られないと切り替えができなくなってしまいます。自分からコントロールするためにも、どうすれば切り替えられるのかを本人と一緒《いっしょ》になって探っていくことが大切だと思っています。

何でもないものに、ひどく不安がる

幼少期から学齢期まで、ボクはずっと不安だった。対象のない不安にずっと苛《さいな》まれていた。保育所のときも小学校に行っているときも、ずっと不安でいっぱいだった。家にいるときですら不安でいっぱいになっていった。

小学校高学年まで、家には、ボクの頭の中につくり出したネコのオバケがいると信じていた。黒いひょろっとしたネコが、ずっとボクを後ろから監視している。

5歳ぐらいからか、いつもいつもネコのオバケは、ボクのそばにいた。後ろからケラケラ笑っているだけ。特に薄暗《うすぐら》い廊下や階段、トイレに一人で行こうとしたときに必ず、ボクを後ろから闇《やみ》の世界へ引きずりこもうとしていたのが、怖くてたまらなかった。

だから、暗い廊下を通って家のトイレに行くことができなかった。だって後ろから、ネコのオバケが見つめているのだもの。夜しか出ないと思っていたが、それは嘘《うそ》。昼でも薄暗い廊下や階段を歩いていると、それは静かに忍び寄ってくる。トイレのドアや寝室のドアの先にいるかもしれないと思うと、どうしようもない不安に襲われることがある。逃げたくなって、怖くなって、おかあさんを泣いて呼ぶ。一人ではどうしても行くことができなかった。

小学校に入ってからも、一人でトイレに行くことができなかったため、朝におもらししてしまうことも何度もあった。小学校の2年生になっても、ネコのオバケは相変わらず出て来た。しかも小学校に上がったら、もう一匹太った黒猫が増えているので余計《よけい》に怖かった。

あるとき、母親が「夜一人でトイレに行ってごらん」と応援してくれるようになった。ボクは「オバケなんていない」と思い込んで、思い切ってトイレに行くと、毎回すごく不安で、トイレが終わるとすごく安心で、そしてすごく疲れてしまった。そうするうちに、徐々《じょじょ》にトイレには行けるようになったが、ネコのオバケは消えることがなかった。

小学校の高学年のとき、家の中でも安心して過ごせることや、ネコのオバケはこちらを見ているだけで、決して近くに来ることがないことを知り、ネコのオバケと話し合いをしようとボクは心に決めた。

遠くにいるネコのオバケに「もう出て来なくても大丈夫だよ」と声をかけてあげた。そうすると、パタリとネコのオバケは出て来なくなった。そういう、今思えば不思議《ふしぎ》な体験をしていたと思う。

他にも怖いものがあった。それはテレビ。

発達障害の子どもの中にも、テレビの特定の場面で、ひどく怖がったり、泣いたり、パニックになったりする子がいる。ボクにもそれはあった。例えば、正義の味方が悪い人たちにいじめられているところ、大きな怖いお化けが出る場面とかを、何度も怖がっていた。

兄たちは平気で笑いながら見ているが、ボクにとっては急に怖いと思う場面がやってくるので、泣いてその場から去っていた。

それが再放送で、テレビの流れも分かっているはずなのに、その場面になると怖くて怖くて仕方がなかったので、廊下に逃げ込んだり、布団《ふとん》に逃げ込んだりしていた。そういうときに限ってネコのオバケも出て来ることになり、余計に出ていけなくなるという苦悩もあった。

小学校の高学年になって、テレビに出ているオバケやゾンビは、作り物だと兄に教えてもらってから、だんだん怖くなくなってきたのを覚えている。今でも、テレビでホラー映画などを見るときには、「これは作り物なんだ」と言い聞かせないと本当に信じてしまい、日常生活が危うくなってしまうことがあるため、極力《きょくりょく》見ないようにしている。

ボクは、事実を事実として流しているニュースや報道番組が好きになった。嘘や現実離れしているものは、とても心を揺さぶるものがあるし、空想の世界から出られなくなってしまうこともあるから、今は積極的には見ないようにしている。

今のボクが思うこと

発達障害の子どもの療育《りょういく》をしていく中でも、保護者の方からの相談で、何でもないものにひどく怖がることの相談はあります。周囲にとっては何でもないものでも、本人にとっては脅威《きょうい》になることがあります。それで日常生活に支障《ししょう》が出る場合もあります。

今思えば、ネコのオバケは、ボクの不安がつくり出したものだったのかもしれません。不安が想像の産物として現れる場合もありますし、ただただ恐怖の対象でしかないと感じる当事者の方もいると思います。

大切なことは、まず安全基地を確保《かくほ》することです。もしも本人が理屈《りくつ》を知りたいのであれば、教えてあげてもよいと思います。「オバケは実際にはいない、見たことがある人に聞いてみよう。ほら、いないでしょ」や「暗かったら電気をつけると安心だね。電気の位置はここだよ。明るいとオバケさんも出て来られなくなるから」というようにファンタジーな内容の説明を入れたりします。

他にも「どうしようと不安になったときに、お父さんがついていって、出て来たらやっつけてあげる」と伝えたりします。なるべく紙に絵やイラストを書きながら伝えるように、ボクも心がけています。

予定に変更が入ると、怒ってパニックになる

小学校に入る前までは、細かなスケジュールを提示されたり、視覚的な見通しを示されたりすることがほとんどなかった。そのため、ファミコンゲームを終えるときや、遊んでいる状態から次の行動に切り替えることは難しかったように記憶しているが、活動の切り替えについては、ボク自身不安は高かったが、すごく困ったわけでもなかったように思う。

しかし、小学校に入ってからは非常に混乱した。それは、学校には日課《にっか》があったから。また、日直《にっちょく》や当番など、たくさんの役割があった。しかも、目に見えないルールもたくさんあることに驚いた。ボクは、かなり混乱させられたこともあってその場でも怒り、家に帰ってからも怒っていたことが少なくなかった。

小学校の頃から特に混乱して怒ったことは、友達の言っていることを理解できなかった

こと。友達に、「ちょっと待ってて」と言われても、いつまで待てばよいのか分からなかった。待つこと自体も嫌《きら》いだったが、待っているうちにイライラが募《つの》っていき、友達にやつあたりすることもあった。

他にも、「今日は遊ぼう」と約束していたのに、実際に運動場に行ってみると「人数が足りたから、向こうに行って」などと言われたとき、どうすることもできない変更に怒り出したこともあった。

母親からも「今日はゲームができない、また今度ね」と言われても、そのまた今度が、1分後なのか、明日なのか、それとも一生できないものなのか分からずに、キレてパニックになったこともたびたびあったと思う。

また、テレビを見ているのに、母親から急に「今日は歯医者だから」と、いやな場面の予告を加えられることも苦手だった。それだけでなく、テレビを見ることから、ご飯を食べることへの切り替えも苦手だった。

他にも学校で、先生が急に授業の変更をしたりすることも苦手だった。その場では怒らなかったが、納得《なっとく》はいかなかった。運動会のとき、学習発表会のときなどは、本当に困った。スケジュールは簡単には出ていたが、校長先生の話が何分あるのか、準備のために何分前のどの時間にその場から抜けないといけないのか、一切《いっさい》明記されていなかったから。本当にイライラしていた。

普通の人にとっては、変更と呼べるものではないかもしれないけど、ちょっとした人との関わりやスケジュールの変化が、ボクにとっては天地がひっくり返るぐらいつらかったことを覚えている。

中学校に入ってから、よく遊ぶ友達ができた。それまでは友達との関係は破綻《はたん》ばかりしていたので、とても嬉しかった。その友達は、予定を事前に知らせてくれた。本当にこれはありがたかったし、大人になってからも付き合い続けている仲でもある。何時に会ってから、どれくらいでお店に行き、それからどこで休憩《きゅうけい》するのか、ボクはそのとき発達障害の診断《しんだん》はなかったけれども、どうやら友達はある程度段取りを決めておきたかった人だったので、とても安心した。

次の予定の前には必ず予告をしてくれたし、何時には終わることも伝えてくれた。だから安心して付き合うことができた。そういう友達にめぐりあうことの大切さを、何より痛感している。

高校生になってからも、段取りが好きな友達のそばにいて、予定を知らせてくれたり、暇《ひま》にならないように予告をしたうえで連れて行ってくれたりする人がいることで、安心した学生ライフを送れたのではないかと感じている。

大学以降は、彼女をつくったり、親切な友達の中で、自分から「これって何時までこの店にいる？　何時ぐらいまでかかりそう？」と素直《すなお》に聞けるようになったりしてからは、怒らずパニックにならず、済ませられるようになってきたのではと思う。仕事では、そうはいかずに大変な苦労をするわけだが。

今のボクが思うこと

何度も怒り出す人の相談を受けることがありますが、周りからのお話を聞くと、「思いどおりにならないと怒り出す」との言葉が出て来ます。ボクとしては、「予定の変更が重なってしまうと、気持ちがコントロールしづらくなるんですね」と切り返すようにしています。相談を受ける側も、目から鱗《うろこ》といった反応をしてくれます。

思いどおりにならないことを問題として捉《とら》えるなら、思いどおりにならなくても我慢をしなさいという話の流れになってしまいます。ですが、純粋《じゅんすい》に予定の変更に耐えられない、言葉の変更に耐えられない人と捉え、予告をしながら心の安定を図るようにもっていくことが大切ですと、お伝えしています。

ボク自身も予告があるとないとでは、全然パフォーマンスが違います。

大人になるにつれて、試行錯誤《しこうさくご》でパニックを回避《かいひ》する

ボクは、大人になるにつれて、パニックを回避する術《すべ》を身につけていった。特に中学校、高校あたりからだろうか。ボクも思春期に入ってきたようで、親の前で怒りはしたけれども、家で暴れること自体が恥ずかしいと思うようになった。簡単に言えば、パニックになる自分が見苦しくなったことが一つの原因だと思う。

それにはきっかけがあった。中学校からの友達が、家でパニックになって暴れたり、怒り散らしたり、物を破壊したり、兄のものを勝手に使ったりすることが、なかったからだ。

ボクの中に、「普通の家庭ってこういうものなんだ」という考えがインプットされた。

発達障害の人には、物事の一部をインプットすることがとても得意な人が多い。ボクもその一人で、なぜ怒ってはいけないのかなんてボクにはどうでもよく、普通は怒らないものなんだと、学習していったということだ。

中学校生活でも、なんとなく友達付き合いができるようになったが、どうもボクは間違《まちが》ったスキルを習得してしまったようだった。中学校の2年ぐらいから、友達の不満を聞くようになった。先生が悪いとか、何々がいけないとか、よくない噂話《うわさばなし》を聞くようになったことが原因だろうか。

もともと、小さい頃からパニックになったときに、「おかあさんが〇〇って言ったから」「〇〇君が、嫌《きら》いって言ったから」など、自分を傷つけるのではなく、相手のせいにして生きてきたところがあった。中学校や高校のときも、人の不満を聞くことが何よりも好きだった。いつもボクは「こうやって、人のせいにしておけば、自分のせいにはならないよな」と自然に、そして、順調に学習していった。

大学の頃も、大学院の頃も、振り返ってみれば、ほとんど人のせいにして生きていたと思う。「自分は悪くない、だって相手がこう言っていたから」それがボクの口癖《くちぐせ》だった。しかも変に知識や学術的な情報を学んだものだから、それは本当に周りの人からたいそう心配されていた。

よくボクに対してかけられる声は、「難波《なんば》君、大丈夫?」だった。ボクは「大丈夫です」とパターン的に答えることを学んでいたので、大丈夫か大丈夫ではないのかは置いておき、反射的に大丈夫と答えていた。そう答えるものだとインプットされていたのだ。

逆に口論《こうろん》やケンカなども絶えなかったし、他の人の言うこともボク自身にメリットがなければ、聞き入れるつもりもなくなっていた。そうやってパニックを回避していた。それしか方法を知らなかったし、対人関係の調整の仕方を、教えてくれる人も場所もなかったから、対人関係の状況はいつも悪かった。

そういうところもあり、自分自身のパニックそのものは、就職するまで順調に減っていっていたが、就職してから自分が、問題を大きく回避していたことを突きつけられる。としても一人では戦えないほどのパニックを、就労後《しゅうろうご》に味わうことになる。問題を先延ばしにすることでのツケが、さらに倍で返ってくることについては、あとでお話しする。

今のボクが思うこと

パニックは、世界が終わるほどの苦痛をともないます。それほどつらいのは誰《だれ》なのか。それは本人自身なのです。パニックを止めなさいと命令することは簡単ですが、命令されても簡単に止めることができないぐらいの苦痛がそこにはあり、そんな軽はずみな言葉で止められるパニックであれば、当事者はパニックになっていません。

どうすればパニックを回避《かいひ》できるのか、どうすれば世界が終わるほどのパニックにならずに、落ち着いた生活ができるのかを、当事者と一緒《いっしょ》になって考えていってもらえると嬉しいです。パニックになりたくてパニックになる人は、一人もいません。どうしてもその選択肢《せんたくし》しかないのです。ボク自身もたくさん、パニックになってきました。パニックになることで、対人関係を壊し続けてきたこともあります。

それでも、死ぬよりつらいパニックを経験してもなお、生きていこうと思う理由は、人とつながっていたいからです。

II

見通しのなさと不安の世界

人は、とても変わりやすい。
さっき笑ったと思ったら、
すぐに怒り出す。
ボクには到底《とうてい》理解できない。

人からの言葉は、いつも不安定だ。
さっき言ったことが、
場所が違うと
別の言葉になってしまう。

こんな不確定な世界で生きることが
苦痛だ。

小学校への淡《あわ》い期待感

小学校は怪物。何が起こるか分からない——

入学前。みんな同じ制服で同じランドセルを背負って一列に並んで学校に行くことや、そこに行くと勉強をしたり宿題があったり休み時間に遊べたりと、ある程度のことは聞かされていた。

ボクは、学校が楽しみで楽しみで仕方がなかった。兄たちが楽しそうに学校に行き、帰って来るのを見ていたから。「1年生になったら」の歌をテレビで聞きながら、すごく楽しみにしていた。ボクは小学校の1年生になるんだって、淡い幻想を抱《いだ》きながら。

ボクは、小学校の入学式初日から失敗をする。トイレに行くことができなかったからだ。トイレに行く場所も分からない。分かってはいたが、行き方が分からない。また、先生が言っているはずだが、いつ行けばよいのか分からない。そういうことで、入学式が終了して友達の家の前で記念撮影するときに、おしっこをもらしてしまうことになる。

保育所の頃もトイレに行くことができず、何度もトイレの失敗をしていた。それは年長になってもあった。例えば砂場で遊んでいるときは、一生懸命に穴を掘る、砂を型に入れ込む、お山をつくる。そうしているうちに、おしっこがしたいと頭は指令を出してくるが、目の前のことに夢中になって忘れる。気がついたらおしっこをもらしている。保育所の先生が、慌ててトイレに連れて行くということが何度もあった。

トイレに行けない理由は、もう一つあった。前にも取り上げたネコのオバケが出てきたからだ。チラチラと視界の隅《すみ》で、ネコのオバケが笑っていることが怖くて仕方なかった。そういう理由を、言葉にして他者に伝える言語力もなかったし、伝えたところで分かってもらえるはずもなく、大人になるまで心の奥底《おくそこ》にそっとしまっていたのだ。

いつトイレに行けばよいのか、休み時間の遊びを我慢してトイレに行けばよいのか。誰《だれ》も教えてくれなかったので、小学校の2年生ぐらいまでは、学校でおもらしをしていたと思う。よく保健室で着替えをもらって、履き替えていた。

その後、クラスに戻ると友達がからかってくるのが、どうしても許せなかったし、とてもバツが悪かったので、なんとしてでも休み時間まで我慢する方法として、ボク自身の膀《ぼう》胱圧《こうあつ》を上げることで解決をした。

保育所で感じた楽しさと不安

小学校入学前に少し話を戻すと、保育所には、4歳の頃から通いだしていた。

家にいるときには、日課《にっか》や手順は必要なかった。できないことは母親や父親、兄が手伝ってくれていたと思う。

しかし、一歩家から出て、保育所に通うとなると、そこはもう不安だらけだった。保育所は特に、ボクにとっては楽しい世界でもあったけど、脅威《きょうい》の世界でもあった。いまだに覚えているのは、保育所の先生の話を理解していなかったことだ。

そもそも先生が何を話していたのかも、頭に入っていない。ただ同じ組の子の後ろをついて回っていて、相当疲れたという記憶しかない。先生の話は、右から左へ流れていくばかり。何をどうすればよいのか分からず、周りを見ながら同じようにしていた。

保育所では、特に強制されることはなかったため、一人で「バーバパパ」の絵本をずっと読んでいたり、砂遊びをしたり、電車ごっこにはまったり、同じ遊びを繰り返していたように思う。

保育所の先生には、ボクの様子《ようす》がちょっと変わって見えて、母親には「変わっているよ」

と報告していたようだが、母親は特段気にしていなかったという。

小学校の頃から、見通しのなさと不安はより強くなる。1年生のとき、ボクは教室の席に座って先生の話を一生懸命聞いていたが、先生が次から次へと話していることが理解できなかった。

学校の先生は宇宙語を話す

先生の流暢《りゅうちょう》な話し言葉は、宇宙語に聞こえる。

大きな声で話をしていたので、聞き取れていたとは思うのだが、じゃあ実際、何をどうすればよいのかは分からずに困ってしまった。友達の動きを見ながら、今は教科書を出すときだ、今はノートを写すときだ、と判断していた。

先生の話は、次から次へと出て来ては消えてしまって、いつも不安だった。でも不思議《ふしぎ》なことに、周りの友達（振り返れば、友達と呼べる存在なのかも怪しいが）は何も気にせず授業を受けている。準備もできているし、先生の指示に従って動いているのだ。「なんで、できるのだろうか」といつもうらやましかった。

先生の声の指示が聞けるようになったのは、小学校の高学年か、中学校に入ってからだと思う。それまでは、周りをキョロキョロしながら判断していたが、それには限界が来る。年を重ねていくうちに、友達が見せてくれなくなったからだ。ボクが見ようとすると、友達は隠すようになった。ボクはさらに困ってしまった。準備するものも、これからすることも何も分からず、途方《とほう》に暮れてしまったからだ。

友達からするとカンニングをしたとか、勝手に自分のプリントを盗み見しているとかで、他者の視点に立てば分かるはずなのだが、それすらも分からずに過ごしていた。相手がいやがることに気がつかないほど、余裕がなかった。

発達障害の人の中には、視覚優位《しかくゆうい》の特性をもつ人（目から入った情報を理解するのが得意な人）が多く存在していて、人の指示など音声で内容を判断することに苦戦する当事者も少なくない。ボクもその一人だった。何をするのか、何をすべきなのか、明確に黒板に書いてくれさえすれば、何度も周りを見なくてすんだし、不安感や緊張感を抱《いだ》き続けながら勉強をしなくてもよかったのにと思っていた。

先生や友達の声が、全《まった》く聞こえなかったわけではない。ちゃんと聞こえていたはずだが、振り返ってみると、短期記憶のメモリーがあまりに少ない状態であったことと、不安感がより助長させていたのが要因ではないかと思う。

しかし、学校の先生の叱責《しっせき》や友達が言う悪口には非常《ひじょう》に敏感だった。親にも言われたことがあるが地獄耳と呼ばれるぐらい、ネガティブな情報については明確にボクの記憶に入り込み、悩ませ続けたことがあった。ポジティブな情報や生活に必要な情報は入らないのに、相手から言われた気分のよくない言葉については逐一《ちくいち》覚えている。それはまるで、テープレコーダーに録音しているかのように。

今のボクが思うこと

発達障害の人の中でも、ポジティブな情報だけがストックされやすい人と、ネガティブな情報だけが焼きついてしまう人がいます。心理士として当事者に接する限りでは、偏《かたよ》りなく均等に情報が入る人は、少ないような気がします。

相談に乗る中でも、ポジティブな情報が残るタイプの人には、ポジティブな情報とネガティブな情報を混ぜながら、紙に残して伝えています。ネガティブな情報が残りやすい人に関しては、情報の提供や話し合いには相当気をつけながら、支援を行う必要があると思います。

18時に帰らない母親

小学校の頃、母親は夕方になるとスーパーに出かけていた。「6時（夕方の18時）には帰ってくるからね」と言い残し車で外出するようになった。ボクはボクで好きな遊びが止められなかったから、そのまま母親を送り出した。二人の兄は、中学校に進学し部活動が忙《いそが》しく、その時間にはいないことが多かった。兄がいたとしても、二人とも二階に上がってしまい、ボクはリビングで待っているしかなかった。

兄は、ボクが部屋に入ることをいやがっていた。ボクが兄の持っているものを散らかすこともあったし、兄がいないときにガンダムのプラモデルの頭部だけを持ち去って隠し、見つからなかったこともあった。ボク自身、ネコのオバケの件もあったから、なんとなく兄の部屋には寄り付かなかった。

母親を待っているうちに、不安がよぎる。「おかあさんが帰ってこなかったらどうしよう」と。不安は、18時が近づくまでドンドン膨《ふく》れ上がっていく。きっと母親は帰ってくるはずだと思っていたが、18時を過ぎても戻ってこない。

そこでボクが思ったことは「おかあさんは事故にあったんだ」「ボクを置いてどこかに行ってしまったんだ」「もう帰ってこないんだ」。不安は涙に変わり、兄がいるときに確認する。兄はいつも「大丈夫だよ」と言うが、それで母親が帰ってくるという保証などない。携帯電話もなかった時代だから、母親に連絡をしようがない。

最終的には、ボクが家を出て隣《となり》の家のおばちゃんの家に行き、ドアをドンドン叩くことになる。おばちゃんが出てきたときに「おかあさんが死んだぁぁぁ」と泣き叫んだこともある。おばちゃんがボクをなだめて自分の家まで連れて行ってもらったときぐらいに、30分遅れで母親は帰ってくる。そうすると母親にしがみついて泣きじゃくることが、何度もあった。

ポイントは、18時に帰ってくると約束したのに、時間がずれたこと。ボクにとっては理解ができないことだった。なぜ約束した時間に帰ってこられないのか不思議《ふしぎ》だった。だからといって、ボクが母親から○時には出るよと予告されても、テレビを見ていたりゲームをしていたりして、ボク自身も時間を厳密《げんみつ》に覚えていたわけではなかったので、人のことを責めるのはおかしな話だけど。

相手のことはよく見えて、自分のことはないがしろにするというのは、発達障害の界隈《かいわい》ではあるあるの話だったりするので、申し訳ないと今では思う。

不安とストレスと夜尿《やにょう》

小学校は僕にとって、不安の塊《かたまり》が襲ってくるような場所だった。先生が宇宙語を話していたこともあるし、何をどう行動すればよいのか分からなかったこと、学校での対人関係の悪化があったため、それが身体にストレスとして、夜尿という形で現れていた。

実際には、保育所の頃から夜尿はあったのだが、小学校に入学してからも中学年になってからも続いていた。毎日ではなかったが、朝起きたときに布団《ふとん》の中におしっこが出てしまっていると、とても恥ずかしかった。同じクラスの生徒はどうやら夜尿はしていないようだったから、ボクにとっては死にたいぐらいにつらいことだった。

そんなとき、親は、おもらししたボクのことを叱《しか》ったり呆《あき》れたりはしなかった。そそくさと替えてくれた。そして、とても大切だと思ったのは、替え方を教えてくれたこと。おしっこで服が濡《ぬ》れているだけでも、メンタルが最悪な状態で学校に行かなければならないのに、さらに叱られてしまったら、もうボクの心は折れてしまっただろうと、今振り返ってもそう思う。

ただつらかったのは、寝る前に飲み物の制限をされたこと。それだけは、つらかった。寝る前にトイレに行くこともいやだったが、喉《のど》が渇《かわ》いたまま寝ることもいやだったことを覚えている。

大人になるまでに乗り切った方法

小学校では些細《ささい》なことで不安になったりパニックになったりすることが多かったボクが、大人になるまでに、どう見通しをもてるようになったのか。それには段階があった。

小学校までは先生の指示が聞けなかったことを、中学校からは友達に聞くようにした。「提出の日っていつだっけ?」「さっきは何をしないといけなかったっけ?」と。自分から聞けないときには、友達のそばにいて情報を仕入れるようにした。自分でなんとかしようと思っていても、記憶になければ仕方がない。中学校・高校時代は、友達に依存《いぞん》してなんとか乗り切ってきたことが、ボクにとっては大きかった。

そして、これ以降で話すように、怒ったり、不安がったりすることや、パニックを我慢するように無理やり気持ちを押し込めたことも、乗り切る方法のひとつだった（これには大きなトラウマという反動が待っているのだが）。でも、そうするしか中学校以降を乗り切る手段がなかった。

友達に依存して大きく困ったことは、大学時代の〈あてのない夜のドライブ〉だった。いつ帰るとも決めず、どこに行くとも決めないまま、友達の車に乗り、遠くまでドライブをする。これほど恐怖に感じることは、小学校以来なかった。何回かそのドライブに参加したが、地獄のような感覚は今でも忘れることがない。行き先や終了時刻が死ぬほど欲しかった経験があったことで、それ以降はそういう誘いは全《すべ》て断《ことわ》っている。

先の見通せない運動会

話は小学生の頃に戻るのだが、ボクは大人になるまで運動会が大嫌《だいきら》いだった。運動音痴《おんち》ということもあったが、学校行事のおおざっぱなスケジュールだけでは不安で仕方なかったのだ。

「自分の出るリレーは、競技2つ前には集まってください」という、ボクにとっては理解できないルールがいきなり追加されたり、トイレや休憩《きゅうけい》がいつになったらできるのかも書いておらず、見通しが全然もてなかった。

しかも担任の先生は、いきなり別のところに行っていなくなり、話を聞ける状態ではなかったし、待機中《たいきちゅう》は変則的に友達を応援しなければならないことが苦痛で仕方なかった。

大人になってからは、運動会がそこそこ苦痛ではなくなった。それは、施設職員として運動会に参加したときに、事前の打ち合わせから、ボクがどの場所にいついればよいのか、事細かに書かれていた用紙をもらったから。初めて安心した気持ちになった。

いつ、どこで、何をしていればよいのか、休憩時間はいつなのか、視覚的に記載してあったことに、何より安心感を抱《いだ》くことができた。

今のボクが思うこと

発達障害をもつ人たちに〈見通しをもたせる〉という文言《もんごん》は、どの本でも見かける言葉です。当事者に視覚的な見通しをもたせることは大切だと思われますが、何より前提として必要なことは〈安心感をもたせる〉ということです。

当事者にとって、安心できたり、楽しみになるような見通しを紙に書いたり、絵で見せたり、写真で見せたりすることが何より大切です。当事者でも一般の人でも、自分が好きでもないスケジュールがたくさん羅列《られつ》している紙を渡されたら、きっと憂鬱《ゆううつ》になると思いますし、そのスケジュール自体が嫌《きら》いになってしまいます。

当事者のボクにとっても、視覚的に目で見て分かることは、何より欲しい支援のひとつです。しかし、目で見て分かるぶん、つらいことばかり書かれているのであれば、苦痛はいつも以上に増してしまいます。時には、いやな記憶として焼きついてしまうかもしれません。そういうことがないように、当事者ベースに考え、どうすれば安心できるのかを考えながら関わっていただきたいと思います。

III

多動・不注意・衝動性の世界

感情が
くるくる変わる世界。

何もかもとっちらかったテレビ画面を
ただボクはどうしようもなく
見つめているだけ。

勝手に動くのはボクじゃない、
だって制御《せいぎょ》不能《ふのう》なんだもの。

怒ったことに、とらわれ続ける

「ひさかずは、言うこと聞かん」。ボクが小学校に入るか入らないかぐらいのときに、兄が音《ね》を上げた一言だ。多動や衝動性の塊《かたまり》だったボクに関わることは、面倒見《めんどうみ》のよい兄ですら大変だったらしい。

好きなものは好き、嫌《きら》いなものはしたくない。心はいつも、刺激でわしづかみ。そんなことが通用するのは、保育所までだった。

学校に入れば、したいこともしたくないものも、ごちゃ混ぜになっている。そんなごった煮の状態で、よく普通の人は耐えられるよなぁといつも感心している。好きなことだけしていて何が悪いのかと、小学校の頃は思っていた。しなければならないことで頭が不安いっぱいになると、パニックになりやすくなる。

だからボクはよく怒っていた。怒っていたけど、何が駄目で怒っていたのか我を忘れるぐらい怒って、そしてさらに怒って、その怒ったことに対しても怒っていた。何か言われるたびに、頭が不安から怒りに満たされて、もうどうすることもできない状態だった。

家では、ボクが怒ったとき、母親から「仏壇《ぶつだん》に座って何が悪いのか、ご先祖様に聞いてきたら」と言われていた。母親としては、クールダウンの意味で口にしたのだろう。ボクは仏壇に座って必死にご先祖様に心の中で聞いた。「ボクは悪くない。でもいけないことはした。でもボクは悪くない。だからどうしたらいいのか教えて！」「いたずらとかもうしません、だからもうしませんから。でもボクは悪くないもん！　どうしたらいい？」

ご先祖様は、何も答えてくれなかった。今思えば、完全にボクは間違《まちが》った学習をしていたと振り返ることができるが、その当時は怒ったこと自体にとらわれ続けて、何をどうすればよいのか分からなかった。

目に見えるものに勝手に引っ張られてしまう苦痛を、知っているかい？

挙手《きょしゅ》はボクの自尊心

学校に話を戻す。学校では、先生の話を聞いてもいないのに、先生が「誰《だれ》か分かる人」とクラス全体に訊《たず》ねたときに、ボクは一番に手を挙げる人だった。手を挙げて、先生から「はい、難波《なんば》君どうぞ」と言われると、ボクは自信をもって「なんだっけ、分かりません」

と答えていた。それを何度も繰り返すものだから、クラスメートはウンザリしたと思う。

ボクにとって当ててもらうことは、注目されること、認めてもらうことを意味していた。いつもいつも先生と仲良くなりたいと思っているのに、授業中は教壇《きょうだん》に立って話をしているから、気軽に話すことができない。だからといって休み時間になれば、先生と話せるかというと、先生はどこかに行ってしまうし、ボクは外で遊ぶことに夢中になっていて、先生のことは一切《いっさい》頭から離れてしまう。

先生と仲良くなれるチャンスは、授業中に手を挙げて当ててもらうことだけだった。ボクにとってそれは、ある種のコミュニケーションだった。手を挙げたあとで問題に答えるとか、自分の考えを述べるとか、そんなものは思い浮かばなかった。

それから数年経ったボクは、手を挙げなくなった。手を挙げなくてもよくなったかというと、逆だった。「先生はボクを当ててくれない、先生はボクを嫌《きら》っているんだ」と間違《まちが》った学習をして、先生自体が信用できなくなってしまっていた。

トラブルメーカー

学校の先生について「ボクのことを何も分かってくれない」と考え出したのは、小学2年生の頃の挙手事件《きょしゅ》からだったが、学校の先生を責めているわけではない。今では、本当に申し訳ないことをしまくっていたと考えている。挙手事件以外にも、学校では、先生の授業の妨害《ぼうがい》をしていたように記憶している。

具体的には、椅子《いす》を斜めに傾《かたむ》けて、そのせいで時折、椅子から落ちることもあったし、コンパスの先で机に穴を開けていたこともあった。また掃除中に理科室のビーカーを壊したこともあったが、先生が学級全体に話をしたときに、怒られるのが怖くて名乗り出ることもしなかった。

決してトラブルを望んではいなかったが、結果的にトラブルを引き起こすのが、ボクの特徴だった。

母親が授業参観のあとの保護者会に参加したときには、ボクの問題行動で責められたらしい。いやな思いしかしなかったため、それから母親は保護者会に出ないことにした。母親が出席しなかったときの保護者会では、ボクの問題行動のオンパレードで盛り上がっていたという。それぐらいボクは、いろんな人に迷惑《めいわく》をかけていたことになる。

授業中にだけ問題を起こす発達障害の人もいるが、ボクは休み時間も友達とのトラブルが絶えなかった。自閉《じへい》スペクトラム症（ＡＳＤ）の症状でもある「場の空気が読めず、思ったことを口にしてしまいトラブルになる」ことがあり、とても周りを疲弊《ひへい》させていたらしい。太った人に「黙れデブ」などと普通に言っていたそうで、いつも不安で目がギラギラしていたんだと思う。

そして魔の学級会が開かれた。しかも何度も。

「なんばくんとは遊びたくありません」という議題が、たびたび挙がった。ボクは母親に報告したが、親としてもとても大変な時期だったらしい。最終的には和解するのだが、クラスの子はきっと納得《なっとく》しなかっただろう。だって問題の元凶《げんきょう》はボクであり、関わるのがいやだと言っていただけなのに、それを先生から正されるのだから。

本当に今思えば、ボクもいっぱいいっぱいで周りを考える余裕がなかったのだが、もう少し迷惑をかけないように静かに一人でいればよかったと思う。でもケンカしても、暴言を吐いても、ボクは友達と一緒《いっしょ》にいたかったみたいだ。

そっと内言《ないげん》をしまう

小学校の卒業式の日は、冷たい雨が降っていた。卒業生を送り出す花道を通っているときに、ボクは一つの決断をした。それは、誰《だれ》にも相談せずに決めたことだ。

「小学校のことは全《すべ》て忘れる。中学校からボクは生まれ変わる」と心の中で叫んだ。その記憶の封じ込めが、大人になってからどんなにつらいことを引き起こすのか、そのときのボクは知らなかった。

小学校から中学校に上がるとき、地域の小学校四校ぐらいの生徒が、一つの中学校に通うことになる。小学校のときにいじめられてきた人たち、相性《あいしょう》が悪かった人たちとは縁を切る覚悟で、関わるまいと思いながら中学校に進学した。

小学校卒業にあたっての決意として、二つのスキルを停止させることを決心した。まず「心の中で何も考えないこと、そしてそれを極力《きょくりょく》、誰にも伝えないこと」。それは、心の中の言葉——内言の停止を意味する。そして「誰にも何もしないこと」を努力する。これは対処行動を放棄《ほうき》し、いやなことをそのまま忘れることを意味した。

小学校の頃、「何でそんなことをしたの?」「相手の気持ちを考えなさい」と繰り返し言われたことに、ボクはうんざりしていた。だってそのことに対して、誰も答えを提示してくれなかったから。だから大人になって発達障害の診断《しんだん》が下りるまで、「なぜ、どうして」という質問に適切に答えることができず、言い訳ばかりしていた。それを誰も呆《あき》れて教えてくれなかったことで、悲劇が繰り返されるわけだが。

多動はなくなり、不注意だけが残る

中学校や高校、大学では、全《すべ》てを忘れた。忘れ物をしたことも忘れた。人に迷惑《めいわく》をかけたことも忘れていった。そして、大人になってから、電気やガスが見事《みごと》に止まった。まさに笑うことしかできない人生だ。内言をしまうことで、同じことを繰り返していったけど、ボクとしては自分と向き合うことが怖かったのだ。

魔のプリント整理。これには、中学校から大学生活にかけてボクも周りも困らせられた。

50分の授業ですら集中することができず、不注意で先生が何を言ったのか分からなくなってしまう。必死でノートを写すのだが、必ず抜けているところがある。

大学生になってからルーズリーフを使うことになるが、取り出したルーズリーフを講義別に挟《はさ》むことを忘れてしまい、結局、何を勉強したのか分からなくなるケースがたくさんあった。

高校時代から友達のノートを写させてもらっていたが、大学からは友達のノートやプリントを全部丸々コンビニなどでコピーすることで解決できた。整理整頓《せいとん》することができない場合には、そういった裏技で乗り切る手を使いながら生きてきている（もちろん、写させてもらったお礼を忘れずに）。

しかし、電気やガスなどの公共料金の支払いは、手伝ってもらうことができなかった。なぜ止まるのかというと、怖くてポストを開けられないから。開けたとしても、請求書に次ぐ請求書、黄色い紙から赤い紙までぐちゃぐちゃに入っており、何がいつの請求書なのか分からなくなる。そのまま部屋の隅《すみ》で積み重なっていくことで、家庭生活が一時停止する。

就労《しゅうろう》したときも、不注意に悩まされることになる。報告書の文章を書いたとしても、見直しが全《まった》くできなかった。それまでの学校生活で「見直す」ことに嫌悪感《けんおかん》があり、一切《いっさい》の回避《かいひ》をしてきてしまったせいで、上司による添削《てんさく》で、報告書が真っ赤に染まることになる。それで済めばよかったのだが、出勤簿に印鑑を押し間違《まちが》える、提出資料を出すのが遅れるなどということを繰り返してしまう。

学校のときは注意される程度で済んでいたが、社会に出ると不注意は、会社の上司や同僚の信頼に関わる。対人関係の減点法によって、信頼を失《うしな》うことになるが、それすらもボクは分かっていなかった。

不注意でミスが多いのに、会議で大きな発言をする

当事者からの相談で、「会社で信頼してもらえない」という相談を受けたことがある。そんなときボクは、いつもこう質問している。「あなたが会社の上司として、会議の場で大事な発言をするときに、普段からミスが多い人と、普段からミスが少なくて丁寧《ていねい》に作業をする人と、どっちのことを信頼するか」。

どの人からも、ミスの少ない人を信頼するという言葉が出てくる。これは発達障害者に

とっては本当に不利なことではあるが、その事実すら認識しないまま生きてきたことで、ボクはいろいろな人に迷惑《めいわく》をかけてきたんだと思っている。

どうしてもコントロールできない！

大人になっても、不注意は止まらない。部屋はまともに片づけられず、毎日毎日出勤前には探し物でパニックになる。手に持った物をどこかに置くと、もう忘れてしまう。電気やガスが止まる。請求書や処理しなければならない書類がどんどんたまっていき、書類の雪崩《なだれ》が起きる。

対人関係では、衝動的に発言してしまうし、もちろん車の運転も荒い。毎回、失敗経験が起きるたびに、「二度としません、これからは気をつける」と誓《ちか》いを立てるが、三歩歩いて寝てしまうと、全《すべ》てがリセットされてしまう。意識していても、意識していなくても、細心の注意を払っても、どんどん忘れ物をしてしまう。

こういう状態にボクはうんざりしていたが、どうすることもできなかった。このどうすることもできない感情が、怒りに変わり、相手に当たり散らすという最悪な構図が出来上がっていってしまった。

大人になったとき、気づいた。「どんなに頑張っていても、これだけミスをするのであれば、周りの人からは信頼されないな」と。

ボクは薄々《うすうす》気づいていた。発達障害という言葉は知っていて、病院で発達障害の診断《しんだん》をしてもらわないといけないのかもしれないと、頭の中で思い浮かぶことはあった。しかし、診断を受けることが正直怖かった。障害者として生きていくことに、イメージをもつことができない面もあった。

一方で、診断をきっちり受けて、支援を受けながら生活や仕事をする必要があるのではないかと、時には前向きに思うこともあった。

でも、その考えを見事に打ち消したのが、「ボクは、社会人らしく普通にできないとダメだ」という考え。何年もこの言葉の洗脳から離れることができなかった。自分の行動を改善すれば、普通の人間になれるのではないかと信じていて、この間違《まちが》った考えから抜け出すことが、どうしてもできなかった。

そして、どんどんボク自身、精神的にも肉体的にも音を立てて壊れていくのが、自分でも気づいていたが、どうすることもできなかった。

今のボクが思うこと

発達障害の人と不注意は、非常《ひじょう》に関連が深いです。

ボク自身は、不注意は、困り感としては気づきやすいものではありますが、その一方で対策もなかなか簡単ではないということに、注目をしてもらいたいと思っています。また、周囲の理解も得られにくく、自己《じこ》努力でしか乗り切れないことで、援助が受けにくいという難点もあります。

不注意は、環境や体調によっても左右されやすいものです。叱《しか》られるような出来事《できごと》が多い場合にも、数学の見落としといったミスが出てきて、風邪《かぜ》をひいて体がだるいとき、寝不足のときにも不注意は起こりやすいです。こうした点がかえって、周囲の理解を阻《はば》む要因にもなっています。

発達障害の診断《しんだん》が下りていない人でも、多かれ少なかれ環境や体調によっては思い当たるところがあるということで、発達障害的な不注意の頻発《ひんぱつ》が、なまけているととらえられがちになってしまうことを、知っておいてもらいたいです。

IV

感覚の世界

見る、聞く、触れる、匂う、感じる
全《すべ》ての感覚が、
他の人とは違う。

違うけれども知ってほしい、
分かってほしい。
感覚の世界は
楽しく、落ち着き、
そして時には苦痛。

その全てが当事者だけのもの。

好きだった感覚と、共有できないことによる絶望

水滴、水、砂、車のタイヤなど。いつもボクを魅了《みりょう》してきたものだ。同じ刺激で一定の感覚をもたらしてくれるものは、いつもボクを引き付ける。いつまでも終わらない感覚に浸《ひた》ることに、どうしようもなく吸い寄せられていく時間が、何よりも好きだった。

発達障害特有《とくゆう》の世界が、こんなにも綺麗《きれい》なままでいることの幸せ。逆に、集団や他の人との価値観を共有できないことで、こんなにも生きづらくなっていたとは、思いも寄らなかった。

くるくる回る世界

発達障害の人は、くるくる回ることが好きだったりする。ボクもその一人。立ったままの状態でくるくるずっと回り続ける。同じ空間で同じようにくるくる回る。そして目が回って気持ち悪くなる。だけどくるくる回る世界が好きだ。気持ち悪くても好きだ。そうすることで、気持ちを徐々《じょじょ》にクールダウンさせることができるから。

特に好きなのは、その場でくるくると、手に大好きなガンダムの人形を持って、それを見ながら回ること。どうぞ皆さんもやってみてほしい。手に持ったものだけが止まっており、その他の世界はくるくる回る。そんな世界がどうして出来上がっているのか、いつも不思議《ふしぎ》でたまらなかった。

だから何回も回った。そして何回も目が回り、気持ち悪くなった。ボクにとっての、落ち着くためのクールダウンの方法だ。

ガンダムの人形が語り出すとき

小学校の頃は、友達と呼べるような人がいなかった。クラスメートから「遊びたくない」というボイコットが起きたほどだったから。誰《だれ》かと遊びたくても遊ぶことができなかったので、一人でいるときは、トレーディングカードを並べたり、ガンダムの人形遊びをしたりしていた。それは、小学校の6年生まで続いた。

かっこいい武器を持っている人形が好きだった。ガンダムの人形はいつも変わらず、ボクを友達として迎え入れてくれる。そして語りかけてくれる。

ボクのしていた遊びは、人形を使った戦闘ごっこ。人形を円形にぐるりと一回りに並べたり、一列に並べたりしていた。綺麗《きれい》に並べられると、とても気持ちよかった。

並べた人形は全《すべ》て敵。そこに正義の味方が現れて、敵を倒していく。時々、正義の味方は死ぬこともあるが、生き返るか、他の仲間が急にやってきて生き返らせてくれる。人形はいつも頑張っていた。「くそー倒してやる」「負けないぞ」と人形たちは語っていた。その姿を、ボクはいつも温かく見守っていた。

そんな世界がすごく綺麗で楽しく思えて、いつまでもこの時間が続いてほしいと願っていた。

終わる世界――ゲームの世界から出ていくとき

小学生の頃から大学生の頃まで、テレビゲームが好きだった。

小学生のときはファミコン、中学生や高校生のときはプレイステーション、大学生のときはプレイステーション2。特にロールプレイングゲームが好きだった。熱中していると時間を忘れる。何時間でも遊んでいられる感じがした。

大学生のときに一度、どれだけプレイできるか試してみたことがある。3日間アパートから出ることもなく、大学に行くこともなく、ぶっ続けでやってみた。何時間でもできる、そして終わりがない。

やってもやっても満足できない状態は、小さい頃からあった。ゲームをしていると心のストッパーが外れる。画面だけが切り取られる、過集中《かしゅうちゅう》の世界。それはとっても楽しくて、いつまでもその状態に浸《ひた》っていたいと思える、ボクにとっての一つの居場所《いばしょ》だった。

親は、よくボクのゲームを中断した。終わることも予告してもらっていたが、最終的に親が怒ったときに、はっと気づくことが多かった。

夢中になるあまり、途中で中断された世界は、苦痛でしかなかった。ゲームを無理やり中断されることにより、世界が反転する。一気にリアルな世界に引き戻される。そして戻らないデータ。絶望しかない。本気で怒った。怒って怒って、どうしてくれるんだって怒った。ゲームを止めさせた親が悪いと、本気で思ったことがあった。それだけ心のストッパーが外れるものは、後にも先にもこれしかなかった。

22歳を過ぎた大学院生の頃、ゲームにさようならをした。

それは、ゲームよりも、勉強のほうが楽しくなってきたからだ。ゲームは答えがあるが、現実世界の勉強は、答えがない。答えがないものに対して自分で答えを出すことに、快感の生じ方が変わっていった。

それが、ゲームを止めることのきっかけ。それ以上に楽しいことが見つかったから。ボクは、一人ぼっちの気持ちをゲームの世界で埋めていた。でも、そうする必要がなくなった。ただ、それだけ。

今のボクが思うこと

感覚の世界は、とても魅力的《みりょくてき》です。キラキラした世界でもあります。その世界に浸《ひた》っている本人にとっては、心の支えになることがあります。それを知ってほしい。こだわりがあるといって、すっぱり切り捨てないでほしいとボクは思っています。

発達障害の中でも問題行動と取り上げられる、感覚刺激を楽しむこと。当事者の側からしても、確かに困ったところはあります。何が困るかといえば、こだわって何度もすることで、生活に支障《ししょう》が出てしまうからです。あまりに好き過ぎて、混乱したり、離れられなかったり、終わることができなかったりします。でも、上手に付き合うことができる世界であるなら、本当に尊重してほしい世界でもあるのです。

ただし、ネットやゲームの取り組み過ぎについては、感情のコントロールができにくくなるため、いくら本人が好きだからと言っても、諸刃《もろは》の剣《つるぎ》だといえます。ボクは、当事者の方と話すときには、どうして止められないのか、何が面白いのかを最初に聞いていきます。そして、ネットやゲームがどれだけ生活を脅《おびや》かすのかを、絵に描いて説明します。それから本人と、どうゲームなどと付き合っていくのかを話し合うようにしています。

以上が、ボクが生きてきた発達障害の世界。

生きづらい世界に生きてきたと思うけど、
それなりに自分自身と向き合い、
他の人に迷惑《めいわく》をかけながらでも、
なんとか生き抜いてきた。

とてもやんちゃで、ケンカっぱやく、
そして弱い人間だった。

それが、大人になったときにどうなったのか。
どうして、
30歳で診断《しんだん》を受けなければならなかったのか。
語れるぶんだけでも書きたいと思う。

もう、
ボクのような悲劇が繰り返されないために、
という思いから。

◎こんな大人が、できちゃいました

就労《しゅうろう》と、重なる文章のミス

ボクは就労することができた。大学院の同級生の中で、最後に進路が決まった。その頃、ボクには先延ばしぐせがあったばかりに、腎臓《じんぞう》と尿管の間《あいだ》にある腎盂《じんう》が狭《せま》くなって、その痛みで何度も倒れていた。最終的に6年我慢したのちに、入院することになってしまい、退院後にしばらくしてから、人の紹介で就労することになる。

最初の仕事は、福祉施設での非常勤の心理士だった。ボクはやりたい仕事だけができると思っていた。専門職で働くのだから、他の人よりも偉《えら》いと勘違いしていた。それは、周りの人たちが「先生、先生」と呼んでくれるから。

最初の数か月は、とても楽しかった。大学や大学院で学んだことをすぐに現場で実践できると思っていたから。毎晩寝るときに「明日は仕事だ、心理士として、専門職としてできることをたくさんやろう」と思いながら眠りについていた。その頃は、運転も楽しかった。障害のある子どもたちとどんなことをしようか、胸をわくわくさせながら、仕事に行っていた。

そう、ボクの頭の中には、障害のある人の支援のことしかなく、周りにいる職員さんや、それに関わる支援者のことなんか、全《まった》く考えられていなかったのだ。そのひずみが徐々《じょじょ》に周りを困らせていくことになる。

最初に躓《つまず》いたのは、報告書のこと

報告書の文章の「てにをは」がぐちゃぐちゃだったことや、文のはじめと文の終わりでつじつまが合わず、変な文章になってしまっていたりしたことを、何度も何度も指摘された。その会社（施設）の上司は、忙《いそが》しいのに繰り返し丁寧《ていねい》に直してくれた。また、なぜこのような文章がダメなのかも、分かりやすく説明してくれた。それでも、相手が納得する分かりやすい報告書が書けるようになったのは、それから10年ぐらい経ったあとになるのだが。

振り返れば大学でも大学院でも、論文を書くときに、間違《まちが》いをたくさん指摘されていた。

白い紙が真っ赤に染まったこともあった。でも、パターン的にその文章を直せばよいと思っていたし、間違ったのは自分の責任だとも、全《まった》く思わなかった。実感がなかったのだ。そこには文章の羅列《られつ》があるだけで、その文章を誰《だれ》が読んでどう受け取るかなんて、微塵《みじん》も考えなかった。

それには理由がある。小学校の頃から、作文などの文章がまるで書けなかった。もちろん話す言葉も衝動性が強すぎるあまり、話の前後が逆転したり、以前の記憶と混じってしまい、嘘《うそ》を言っていると誤解されたりした。作文を目の前にしたときには、頭が真っ白になり、何を書こうとも思えなくなるし、何から書けばよいのか頭がフリーズしてしまい、何も書くことができなかった。

大学受験で小論文を書くときも、２０００字以上で書くところを、数行の１５０文字しか書けなかったことがあったぐらい（不合格通知を見て納得《なっとく》もした）。だから文章を書けない小学生の気持ちは、よく分かる。どうやって改善したか、それは後々の章で述べたいと思う。

出勤簿《しゅっきんぼ》の印鑑は魔物

職場でたくさん、困ったことがある。それは、職場の出勤簿に印鑑を押すこと。

普通の人は苦労しないようなのだが、ボクにとっては苦痛の産物でしかない。出勤簿というのは、縦一列であったりしてカレンダーとは違う形式なため、ボクにとっては混乱をもたらすものでしかない。「なぜカレンダーと一緒《いっしょ》じゃないのか」と悩んだこともある。

そして、印鑑を持ち、出勤した日に押そうとすると、別の日に押してしまう（衝動性が強いあまり）。それに対して、訂正印を押したのちに、出勤日に印鑑を押す作業を繰り返していたものだから、月に10日ぐらいの出勤が30日の出勤になるという、すばらしい不注意が発動してしまった。

最終的には、職員さんが手伝ってくれて解決できたこともあった。そのときの職員さんは、相当辟易《へきえき》していたと思う。

忘れ物・落とし物

職場ではよく、自分の持ち物を落としていた。

家に帰ってから財布《さいふ》がないと気づき、職場に戻って、車のヘッドライトで照らしてみると、財布の影が見えたことが月に1回ぐらいはあった。

あるときは、200㎞以上離れた場所に出張で仕事に行ったあと、アパートの部屋の前まで来て、鍵《かぎ》がないことに気づいた。車の中を隅々《すみずみ》まで探すが、見当たらない。時刻は21時頃。鍵屋も不動産屋も空いていない状態で、泣く泣く部屋のドアノブに手をかけてみると、ドアが開いた。結局のところ、鍵も落としていたが、部屋のドアも閉め忘れて外出していたから、不運というか幸運というか、微妙な気持ちになったことがある。

それぐらい、手から離れたものの記憶がボクにはない。だっていつも前を見ているから、手元を見るなんて習慣がなかった。また、手元に持っている感触なども、手足は自動で動いてしまうから、記憶なんてものは全《まった》くない。今でもそれで困ることがあるが、どうしても身体が自動で動いてしまう。そんなことでは仕事どころではない。

仕事ではポカミス、会議では大口

仕事では、些細《ささい》な不注意で他のスタッフに迷惑《めいわく》をかけることが多かった。「難波《なんば》さん、これ何回目ですか？」「難波さん、いいかげんにしてくださいよ」「難波さん、小学生ですか」なんて言葉は、しょっちゅうかけられていた。

それでもボクは、障害のある人たちの支援を一生懸命考えていた。「こうすれば、もっと現場がよくなるのに」「こうすれば子どもたちが喜ぶのに」「もっとこうすれば支援がつながっていくのに」と想像力をはたらかせて、会議の場では発言していた。

しかし、だんだん上司や同僚がボクから離れていった。その当時は、ボクは「みんなと仕事のスタンスが違うからだ」と思い込んでいたが、そうではなかった。とてもじゃないが、会社の中で信頼されるような人間ではなかったからだ。

あとから気づいたことだが、「普段ミスばっかりしている人と、いつもミスなくきっちり仕事をしている人と、どちらが会議の場で話が通りやすいか」と思ったときに、日々の業務できちんと自分の仕事ができている人が、会議の場でも信頼されるということが分かった。それが30歳の診断《しんだん》前のことで、気づくのが遅すぎた。そのあたりの仕事のスタンスが、全《まっ》く分かっていなかったのだ。

今のボクが思うこと

発達障害と就労《しゅうろう》について、診断《しんだん》されたことをオープンにして就労する人が近年増えてはいますが、障害に気づきながら、それを隠したり、受診に行くのをためらったりする人も多く存在します。職場でのミスが多いことが、すぐに発達障害の診断につながるかというと、別の精神疾患《しっかん》や身体疾患によって出てくる症状でもあるため、発達障害とは限りません。

しかしこのように、ミスを繰り返しながら、本人が「どうしてこんな簡単なこともできないのか」と、周りよりも苦悩する場合があります。衝動性や不注意は、自分でコントロールすることが難しく、身体も自動で動くことが多いですから、原因と結果を探ろうにも、自分では解決に導《みちび》いていくことが難しいケースもみられます。

ボクも支援をするときには、まずどのような場面で不注意が起こりやすいのか、本人をよく観察します。音の情報で注意が逸《そ》れるのか、人の動きで注意が逸れるのか、さまざまな要因があるので、それをじっと観察し続けることから、支援の方策をどうするか考えるようにしています。

相手が疲れていることが分からない

発達障害特有《とくゆう》の症状の中でも、「相手の目を見られない」「表情が読めない」ということがあるが、社会人になったときに顕著《けんちょ》に困ったことが出てきた。

それは、相手の忙《いそが》しさや体調不良に気づけないということ。その人が不機嫌《ふきげん》な状態かどうかにも気づくことができないため、不意に自分が思いついたことを、自分のタイミングで聞いてしまう。そして邪険にされたり怒られたりする。このことに気づけず、散々、「今じゃない」「もっと自分で考えて」と抽象《ちゅうしょう》的な指示を出されて困ってしまったことがある。

ボクの解決策としては、隣《となり》の同僚に「今、上司はどういう状況？　話しかけてもよい？」と聞いて、タイミングを教えてもらっていた。

仕事は、数珠《じゅず》つなぎのようでいて、線のように流れがある。その流れの中で忙しい時期もあれば、比較的、楽なときもある。そうしたときの表情一つ読み取ることや、相手の予定を頭の中に入れておくことができない自分に呆《あき》れたときもあるが、分からないなら、同僚などに聞いて乗り切ろうとしていたところもある。

思いだけが先走る

対人関係を調整することができなかったのも、不適応になった要因でもある。それは、職場でもプライベートでも、自分のタイミングで自分の要求を相手に伝えればよい、そして自分のぶんだけ仕事などをするという、ボクだけの世界で生きてきたからに他ならない。

前にも述べたように「こうしたらよい」という思いだけが先走り、相手がどう思っているのか、相手がその話を聞いてどう感じるのか、戸惑《とまど》いはないのかなどを、一切考慮《いっさいこうりょ》していなかった。だから、思ったことを思ったまま、正論を述べることが正しいことであり、それに向けて会社側（施設側）が調整するものだという考えに至ってしまっていた。

「謙虚《けんきょ》でいなさい」という言葉の意味が分からない

対人関係も悪い、仕事でミスをする、指摘しても言うことを聞かない、自分の思ったとおりにする。それで周りを相当疲弊《ひへい》させたことは間違《まちが》いないし、本当に申し訳ない思いしかない。これほど迷惑《めいわく》をかけておいて、今更《いまさら》許してもらいたいとは思っていない、それは取り返しのつかない対人関係の壊し方をしてきたから。

いろんな職場を転々としてきた。部署をぐるぐる回ったこともある。対人関係が破綻《はたん》してしまって、一人、デスクで途方《とほう》に暮れたこともあった。「全《すべ》ては障害児や障害者のため」と思いつつ、自分の理想や自分の考えを押し付けてきた。これは発達障害のこだわりだからと、今のボクでも言い訳にしたくないぐらいだ。

そんな中でも、時期ごとに、ボクにやさしく指摘してくれる方々がいた。それには本当に感謝しかない。ボクが気づいてやり直そうとしてくれるのであればと思って、善意で声をかけてくれた。

しかし、当時のボクには、その言葉の意味が全《まった》く分からなかった。「もっと謙虚でいなさい」「一からやり直しなさい」「このままだと同じことを繰り返すよ」と言ってくれた人もいるが、その意味するところがなんなのかが、全く分からなかった。分からなかったので、辞書を引いた、ネットで検索した。それでも分からなかった。たぶん相手からすれば、ボクが傷つかないように最大限、オブラートに包んで話してくれたのだが、それが余計《よけい》にボクを混乱させる要因になった。

次にボクがしたことは、周りの人に聞くことだった。「謙虚ってなんですか」「一からやり直すってどういうことですか」と聞いて回った時期もあった。必死だった。自分を変えるために、人生をやり直すためにも必要なことだった。

だけど、返ってきた言葉はさらに抽象《ちゅうしょう》的で「やっぱ自分で考えるしかないよね」「正直ってことかな」と返され、全くもって何をどういうふうにこれからやっていけばよいのか、分からなくなってしまった。

今のボクが思うこと

人とのコミュニケーションは、対人関係の一つです。発達障害の人の中には、仕事とはどういうことかという感覚が、一般の人とずれているケースがあります。

お金を稼ぐためなどと一般的には言われがちですが、ボクが多くの発達障害の人に説明をするときには「仕事もコミュニケーションが一番重要視される。コミュニケーションとは、ギブアンドテイクだよ、自分が何かしてもらうということは、会社や上司、同僚に対しても恩返しをして関係をつくっていくということなんだよ」と伝えるようにしています。

これ以外にも、仕事をするうえで大切なことはたくさんありますが、ボクとしては重要視している考えの一つです。

そして誰《だれ》もいなくなった

仕事に行っても、一人ぼっちになってしまった。守ってくれる人もいない。助けてくれる人もいない。悩みを聞いてはくれるが、どうすることもできないと言われるばかり。

そんな中で、いろいろな職場でも最終的には「〜してはいけません」「〜したらダメでしよ」という言葉がかけられるようになる。簡単に言えば、やさしく言っても伝わらないから、叱《しか》って動かすしかないということだろうとボクは解釈《かいしゃく》している。

それは、今から振り返れば、相手もどうすることもできない怒りが、ボクに直接向かったことであり、自業自得《じごうじとく》でもあると思われる。もちろん、パワハラやセクハラなどを擁護《ようご》するわけじゃない。ボクからみれば、ボクが悪かったとしか言いようがないという、個人的な主観であるということだ。

二次障害の兆《きざ》し

怒号や叱責《しっせき》の嵐は、何度職場を変えてもみられ、ボクの心と身体はだんだんと動かなくなっていってしまった。朝起きたときに、鉛《なまり》の甲冑《かっちゅう》30kgを背負ったような状態で起床《きしょう》する。指先、足先一つ動かすのにも頭の中で「動け動け!! なんで動かないんだ」と叫び続け、数分後にようやく、ぐったりしながら動き出すという在《あ》り様《さま》だった。

朝のうちは、頭の中がボーッとして何も考えられない。声をかけられても、反応したくてもできない。身体が重い状態だった。

夕方を迎えると、少し気持ちが楽になる。一日の終わりを感じて、「なんとか生きれた」という気持ちになり、生死と向き合いながら生きていた。ある職場では、誰《だれ》もいない部屋で気がついたら、包丁《ほうちょう》をクビに向けていた。あっと思って包丁を離した。死ぬつもりはなかったが、本当に怖かった。

仕事が終わって帰宅すると、食欲もなく、ただただ寝転がることしかできなかった。そして布団《ふとん》の中に入って眠りにつこうとすると、頭の中から声が浮かぶ（幻聴《げんちょう》ではない）。「起きろー起きろー」と声がする。目はパッチリ覚めてしまって、明日の仕事の憂鬱《ゆううつ》さをぐるぐる考えていた。

どうやったら怒られないか、どうすれば安らかに一日を終えられるか、早く寝るにはどうすればよいのか。悩みだけがぐるぐる頭の中をかけめぐり、ただただ横たわっていた。夜中の2時に寝ても、4時には目が覚める。早朝覚醒《そうちょうかくせい》だ。もう精神状態が、眠りにつくどころではなかった。そんなことを繰り返しながら、日々を過ごしていた。

今のボクが思うこと

「人の目が気になる」「会社に行こうとしても玄関で動けなくなる」「気持ちが落ち込んでしまう」などの状態をほうっておくと、発達障害とは別の精神疾患《しっかん》に侵《おか》される場合があります。ボク自身、心と身体のバランスを大きく崩した状態で病院に行くことになりました。

そんな状態になるまで病院に行けなかったのは、精神科が怖かったから。精神科に行ったら、薬を飲まないといけないと思い込んでいたから。支援者でもあるボクは特にプライドが高かったため、すぐに行くのを躊躇《ちゅうちょ》したことを、何よりも後悔しています。

でも、受け入れるという心の土壌がなかった弱い人間であることに、後々、気づくことになります。ボクのところに相談に来られる方で、もしもこのような事態になったときには、全力で対策を練《ね》り、逃げるところは逃げ、休むところは休む、そしてどういうふうにこれから生きやすく生きられるかを、一緒《いっしょ》に考えます。診断《しんだん》が全《すべ》てではなく、「その人なりに生きやすく生きる」ことに重点を絞《しぼ》っていくようにしています。

診断《しんだん》のとき

精神的にも肉体的にも限界が来た。ボクは30歳になっていて、そのときに、発達障害の診断が下りた。二次障害である社交不安障害の診断も下りた。

発達障害当事者として講演を行うと、「もっと早くに診断が下りたほうがよかったと思いますか」と聞かれることがある。

ボクはいつもこう答えている。もし、大学に進学する18歳の頃や、就職前の時点で、発達障害であると診断されていたら、心理士の仕事はしていなかった。自分がしたいことをあきらめて、別の仕事を納得《なっとく》いかないまま、後悔したまましていたと思う。

自分が発達障害ではないかと考え始めたのは、22歳の頃だった。大学院で発達障害を集中的に学んだ頃だ。ボクは、自分が発達障害だろうということに気づいていたが、否定し、精神科や心療内科に行くことを拒《こば》んだ。

就労《しゅうろう》してからは、なんとか自分の力だけで、自己《じこ》努力で解決できるのではないか、社会人でもあるし、支援者なのだから、自分自身をコントロールできなくては失格だと、プレッシャーをかけた。

自分の行動を見直し続け、どうすれば周りの人と同じようにできるのか、必死で工夫した。目を合わせられないことを指摘されれば、どうすれば目を合わせることができるのか、予定がブッキングしてしまい相手に迷惑《めいわく》をかけたときには、どうすれば改善できるのかを、必死で考えた。

ボクに対する先輩方や同僚の言葉に、耳を傾《かたむ》けようとはしていたが、それも必死で拒んだ。できない自分をさらしたくない、認めたくなかったからだ。改善の次は、改善を。それは大学院修了後も続いた。必死で努力した。寝るのを惜しんで勉強した。でも改善の先には改善しかなかった。改善の次は改善、そしてさらなる改善。どこまで経っても自分を認めることができなかったからだ。

そして、仕事でもプライベートでもうまくいかなくなったときに、「ボクには発達障害の診断が必要だな」と思い始めた。支援者でありながら、何も改善できず、ただただ落ちこぼれてしまい失敗経験だけがあった状況で、診断に向かうため病院に行くことは非常に怖かった。でも、ボク自身、診断を受けることで、どうにかして生き方を変えられないかと、散々悩んだうえの決断で、今も後悔はしていない。

ただ一点思い残すことがあるとすれば、うつ病になる前に病院には行けばよかったと思っている。治りにくい、予後《よご》が悪い病気を背負ってまで頑張ることではないと、今は思う。

今のボクが思うこと

近年の発達障害に対する考え方の一つに、早期発見・早期診断《しんだん》があります。ただ、多くの発達障害の子どもや大人、その家族と触れ合う中で、「もっと早くに診断が欲しかった」一方で、「早くに診断を受けていれば人生を投げていたかもしれない」との話も聞きます。

うつ病などの二次障害が出てきてから発達障害の診断を受けたほうがよいとは、ボクは言いません。その発達障害当事者や家族に、障害を受け入れられる状態が整ったときこそが、診断を受けるためのタイムリーな時期だということが言いたいのです。

障害者という十字架を一生背負っていくわけですから、それなりの準備や受け止められる環境がそろってこその診断であることは、間違《まちが》いないと思います。

◎この章のまとめ

この章では、前半は、発達障害特有《とくゆう》の世界を読んでいただきました。後半は、発達障害の人が外の社会に出たときに、生きている世界との間《あいだ》でとてつもないギャップがあったことを書きました。ボクが伝えたいのは、発達障害特有の世界があるのにもかかわらず、一般社会という大勢の人がもつ世界に合わせることが、どれだけ大変だったかということです。最終的には、生きづらさを抱えたまま、もがき苦しむことになったわけです。

最初に述べたように、ボクは講演で「発達障害特有の世界はある」と言っています。それに対して、社会のほうが発達障害の世界に合わせろという、横暴《おうぼう》な考えはもっていません。でも、「発達障害の世界は、あり得ないことがあり得る」ということを知ってほしいのです。見え方、感じ方自体が大きく違い、ボク自身がその歪《ゆが》みをどうやって解消できてきたのかを、後々の章で語っていきたいと思います。

『発達障害の診断《しんだん》が下りて、生きづらさから生きやすさに変わっていく姿を、読んでやってください』

第2章

当事者であり支援者

——ふたつの立場で働く

障害者であることは
ボクにとっては、
一生背負っていかなければならない
十字架のようだ

でもその診断《しんだん》という十字架が
ボクを守るものであって
ボク自身を助けるものだと
知ったときに

ボクの生きる価値が
産まれて初めて分かったような気がする

生きやすさとともに

◎診断《しんだん》が下りてから、再び働き始めるまで

診断を受けて

30歳のときに「特定不能の広汎性《こうはんせい》発達障害（現在は自閉《じへい》スペクトラム症：ASD）と社交不安障害です」と医師から告げられた瞬間、「ボクはこれからどうしようか、どう生きていけばよいか」と途方《とほう》に暮れた。診断だけだと、何をどうすればよいのか分からなかった。

母親が泣いた。父親にも話した

診断の半年後、休職直後になるが、母親に対して、うつ病の医師に診断書を書いてもらい、休職したことと、発達障害と診断されたことを告げた。母親は泣いた。「発達障害をもたせて産んでごめんなさい」。タオルを顔にかけて泣いていた。

ボクも泣いた。ごめんなさいと思った。休職中はずっと寝ていて、起きていたときの記

憶もうすぼんやりとしているが、それだけは覚えている。

父親には、発達障害という言葉が不可思議《ふかしぎ》なものに感じられていたと、母親からそれとなく聞いた。ボクのうつ病ですら信じられずに、ぐーたら実家で寝ていたところを蹴り飛ばしてやろうかと思ったぐらい、父親は、心配していると同時に苛立《いらだ》ってもいたらしい。母親が、発達障害は脳の障害だと伝えても、あまり納得《なっとく》しなかった。

あるとき、父親とご飯を食べていたときだったか、ボクは説明した。

「親父、会社でどんくさいやつおったやろ？　何回教えてもミスはするし、遅刻《ちこく》はするし、怒り出す部下っておったやろ？　そういうのが、最近全部が全部じゃないけど、発達障害の診断がつくようになってん。丁寧《ていねい》に助けてもらえる時代に変わってきたんや」

ボクのへたくそな関西弁まじりの言葉で説明すると、父親は「そうか」とだけ言った。それからは母親に対して、ボクの発達障害に関することで質問はなかったらしい。

今のボクが思うこと

発達障害の家族への告知は、上手《うま》くいく場合もあれば、上手くいかない場合もあります。ボクの場合は、発達障害の知識があり、分かりやすく説明する力があったので、自分で説明しました。それでも納得《なっとく》しない場合には、医師の診察《しんさつ》に同行してもらおうとも考えていましたが、納得してもらえたので一安心でした。

発達障害という言葉に、テレビや本で触れる機会が増えてきましたが、基本的には「障害」であり、発達障害のある人は「障害者」です。障害や障害者という十字架は消えることはないのです。それほど家族にとっては重大なことだということです。

最近は、発達障害の診断《しんだん》が必要、診断がないと支援が開始できないという言葉を支援者界隈《かいわい》で耳にしますが、一度障害者となったら一生診断名が消えることはありません。それぐらい非常に繊細《せんさい》な内容になります。そのため、専門の医師・支援者とよくよく相談のうえ、誰《だれ》からどういう形で家族や本人に説明をするのか、そしてその後のフォローをどうするのか、慎重にしてもらいたいと考えています。

情報がない！

診断《しんだん》は受けた。

その一方で、貯蓄《ちょちく》がない。働いていない。

簡単に言えば、絶望しかない。

でも、働かないと生きていけない。親にも頼れない。どうすればよいか。

心理士という専門職で、ずっと勉強をしてきたため、他の仕事で上手《うま》くやっていける自信もなかった。かといって失敗した心理士の仕事でやっていけるのかというと、無理という言葉しか思い浮かばない。うつ病も治っていない。向精神薬《こうせいしんやく》を飲まなければ、焦燥感《しょうそうかん》と不安感で押しつぶされそうになる。どうするべきか考えた。

障害児や障害者を支援する仕事をしていたときは、毎日のように情報があふれていた。「○○のところは良いらしいよ」「○○は比較的、専門的に支援しているらしいよ」「この相談はあそこに相談したらいいよ」と、常に地域の情報や、国や県の情報が流れてきていた。

しかし、発達障害の診断が下りて、休職してしまった途端《とたん》に、何も情報が入ってこなくなった。毎日毎日「この不安はどうすればいい」「お金のことはどうすればいい」「働くことについてはどうすればいい」と困ったことがいっぱいになった。「そうか、支援者っていっぱい情報はあるけれども、当事者って情報の選択権すらないのか」とも感じたきっかけになった。

しかも、支援者で仕事をしていると、いろいろな人の相談を聞きながら、障害者と触れ合う機会があったが、当事者となった瞬間に、発達障害者支援センターと病院しか相談先がなくなってしまった。それに、支援者と当事者の関係は、上と下の関係が強く、理解はしてくれるものの、共感してくれるかというと、それとはまた程遠《ほどとお》い距離感になる。そういう息苦《いきぐる》しい関係も、いやだった。

心理士という仕事をするか本気で悩む

診断《しんだん》前まで心理士の仕事をしてきた。しかし、心理士なのに、人の心が分からない。心理士なのに、人といることがつらい。心理士なのに、うつ病になってしまった。心理士なのに、自分自身のメンタルの管理ができない。そんな自分が、心理士なんかやっていてもよいのだろうか。そんな葛藤《かっとう》がボクにはあった。

発達障害の診断が下りたときに、自分は発達障害なんだと自覚した反面、心理士として働いていけるかどうか本気で検討した時期があった。ボクは発達障害の中でも自閉《じへい》スペクトラム症にあたるため、人の気持ちが分からなかったり、人が話していることの意図《いと》を汲《く》み取ることが全《まった》くできなかったりする。そんな状態のボクに、人の心をケアする仕事が果たして向いているのだろうかと何度も思った。

これは、どの発達障害の人でもいえることだろうと思うけれど、働くときに、「自分のしたいことと、できることは違う。やりたいことよりも自分に合った仕事をどう見つけるかが大事だ」という言葉を耳にして、ボクは発達障害関係の相談業務についた。講演でも現場でも散々聞かされていた言葉を、診断後に何度も思い出して、でもそれにはかなりの違《い》和感《わかん》があったことは確かだ。

当時、ボク自身は、うつ病からの回復途上《とじょう》だったため、気分の浮き沈みが一日のうちでも何度もあったり、日によっては布団《ふとん》から起き上がれなかったりするときもあった。発達障害のボクが、いったい何の仕事ができるのかも分からなかった。

一日中、薄暗《うすぐら》い天井を見上げて、ボクは何がしたいのか、問い続けることしかできなかった。実際には、うつ病で全く動くことができなかったので、何も考えないということが怖かったのかもしれない。

二次障害の怖さ

仕事をドロップアウトして休職したときは、朝起きると30kg以上の鉛《なまり》の甲冑《かっちゅう》を背負っているような感じだった。頭は非常《ひじょう》に重たく、全身がだるい。指先から足先まで、身体の末端に全《まった》く感覚がなかった。そういう状態なので、朝はもちろん起き上がれないし、身体が動かないので、食べる気力も湧《わ》かない。でも、コンビニには這《は》うように移動する。食べる以外に何もすることがなかったからだ。重い身体を引きずってコンビニに着いても、商品棚の前で立つことが精いっぱいで、何を食べたいのかも分からなかった。そう、選ぶことができずに数分間も同じ場所で立ち続けたこともあった。

家に居たところで、何もすることがない。何かをしようとしても、悪い結果しか待っていないように思えて、炬燵《こたつ》か布団《ふとん》の中が一番安全だった。薄暗《うすぐら》い天井を見上げて、ただただ死ぬ期日を決めて、その日まで待っていた。考えようにも考えることもできず、ふと思い浮かぶ「死にたい」という想いだけが、頭の中を駆けずり回る。そんな地獄の中で、「自分に障害があるなんて。どうして障害者になってしまって、うつ病になってしまったのか」と答えのないループ橋をぐるぐるぐるぐる回っていた。

現実世界で居場所《いばしょ》なんてどこにもなかった。発達障害やうつ病を本気で呪《のろ》ったし、不適応になった自分や周りの人を責めた。「職場が悪い、働いているボクが悪い、使えない人間はいないほうがましだ」なんて思うこともあった。

唯一《ゆいいつ》、ネットのSNSだけには、微《かす》かにいることができた。発達障害の人や精神疾患《しっかん》の人たちが、みんな幸せそうにしていたり、普段の生活で困っていることを普通に呟《つぶや》いていたりすることが、何よりうらやましかった。ただただ時間のない部屋、季節の感じられない部屋でひとりぼっちで生きていたことを、今は思い出すだけ。とにかく、毎日泣いていた。泣いて泣いて泣いて泣いて、そして寝た。

二人で泣いた、そこからの再スタート

あるとき、友人からメールが届いた。リアルで会っている人に対しては、死ぬとかそんなことは言うつもりも全《まった》くなかった。ただ返事が上手《うま》くできなかったことに友人は気づき、

電話をかけてきた。ボクは、ある月の中旬《ちゅうじゅん》ぐらいに死ぬ予定で、死ぬ場所も決めて、準備だけはしなかったが、友人との電話で指定してきた日時が、その月の最後だった。

そのときは、「まぁ死ぬ日がずれただけ」と簡単に思っていた。それが、その後の人生を変えることになるとは、思いもしなかった。

友人のいる大阪へ。高速バスに乗ったと思うが、どうやって切符《きっぷ》を手配したのか、今のボクには記憶がない。たぶん、動かない思考の中で、泣きながら必死にネットで予約したんだと思う。友人とは鶴橋《つるはし》で待ち合わせして、でもどうやって自分がそこまで行ったのかも覚えていない。身体が自動で動いていたように思う。

多くは語らなかったが、二人ともずっとずっと泣いた。飲み屋で、温泉の一角で、男二人が泣いた。とても変な空間だったかもしれない。境遇《きょうぐう》も違う。それでも二人で、生死に向き合った。あれほど、つらかったことはないけれど、これほど支えてくれたこともない。生きる希望が少し湧《わ》いてきて、「また明日生きてみようか」と考えるきっかけになった。

そこからボクは、再スタートを切ることになった。

生きやすく生きること

「どうして発達障害になってしまったんだ。こんなボクは生まれてこなきゃよかった。どうせクズは何処《どこ》に行っても迷惑《めいわく》をかける。どうせ迷惑をかける存在なら、もうどうなったっていいじゃないか。どうしてこんなに生きづらいんだ。何をやってもボクはダメな人間だ。生きている価値なんて到底《とうてい》ない」

アパートから実家に避難したときに、2階の天井をぼーっと見つめながら考えていた。「生きやすく生きたい。少しでもいいから、自分が自分でもいい、って言ってくれよ。誰《だれ》か助けてくれよ」

顔を枕《まくら》で覆《おお》い隠して叫んだ。何時間も泣いた。「生きやすく生きたい」と何度も連呼《れんこ》した。その日から、普通である生き方を捨てた。「一度捨てた人生、もう一回、発達障害者の人、障害をもつ人、生きづらさを抱えた人のために、死なずに共に生きることはできないか」と思うようになった。

身体はもちろん動かなかった。精神的にもうつ病がきつくて、布団《ふとん》から起き上がることが難しかった。毎日、布団から這《は》い出て、パソコンに向かって、自分のできることをした。

そうしてこの世に生まれてきたのが、「山陰《さんいん》発達障害当事者会スモステの会」であり、「当事者としてのボクと支援者としてのボク」だった。

まずはネットの中で、自分ができることを探した。居場所《いばしょ》を探した。そして少しの希望と、大きな不安・恐怖とともに生きていくこととなる。

「生きやすく生きたい」

診断《しんだん》後に休職していたボクが、実家の2階で枕を抱え泣きながら口にした言葉だ。

半年間、眠り姫のように眠って、何かに目覚めたかのように言った。

ただそれだけの言葉を何度も何度も繰り返し、天井に向かって叫んだ。

発達障害者と開示《かいじ》して働く前に――自らパンドラの箱を開ける

「ボクには発達障害があるのです」と言っても、誰《だれ》も信じてくれなかった。診断《しんだん》前からの知り合いの支援者に、発達障害であることを打ち明けたこともあった。

しかし、返ってきたのは「そんなふうには見えないよ」と一蹴《いっしゅう》する言葉。障害者と言っても外見からは判断できなかったようだし、またボクのことをよく知っている人であっても信じてくれなかった。障害があることは自分ではなんとなく自覚があるのに、それを上手《うま》く伝えることができずに、何か月も布団《ふとん》の中でもがき苦しむことになった。

発達障害という言葉だけでは、信じてもらえない。自分で何が苦手なのか知るためには、過去の自分の生きてきた失敗を思い出さないといけない。そう思った。


第1章に小学生の頃の出来事《できごと》を書いたけれど、当時のボクには、実は小学校6年間の記憶が一切《いっさい》なかった。

その閉じた記憶のパンドラの箱が開き始めたのは、28歳頃から。仕事で失敗をして叱《しか》られたときに、小学校の頃の記憶がフラッシュバックし始めた。叱られるたびに、過去の記憶がボクの心と身体を制圧する。それが出てこないように、さらに記憶の奥底に押し込める。邪魔者《じゃまもの》のように。そうすればするほど、身体は動かなくなり、心は何も感じなくなった。ただ怒りに満ちた感情だけが、ボクの身体を支配していった。

また会社やプライベートで暴れないためにも、自分の記憶をきちんと整理していった。ある方法で、過去の負《ふ》の体験を思い出すことを決心した。

フラッシュバックの克服《こくふく》の詳細な方法は、ここには記さない。ただ一つ絶対に言えるのは、これは非常《ひじょう》に危険な方法だったということ。絶対に他の当事者には勧めない。トラウマ級の記憶の処理は、専門家のドアを叩《たた》いて、治療の中でやるようにしてほしい。ましてやひとりで扱えるようなものではない。なぜボクが短期間でやり遂《と》げたかというと、数多くの専門書で勉強し、自分で綿密《めんみつ》な計画を立て、生きることを大前提にしたからこそできたことだが、そうではない人がやるべきではない。

そして全《すべ》てを鮮明に思い出した。過去の体験を思い出した。ボク自身の過去を思い出すことで、全ての色を取り戻せた気がした。

全部、自分の責任だった。たくさん泣いた。たくさん後悔した。ボクのせいで不幸になった人へ、申し訳ない気持ちでいっぱいになった。

でもこれは自分の人生。最後まで自分のためではなく、他の障害をもつ人たちのために、生きやすく生きる方法を伝えていくために、やったことだ。自分ひとりのためだったら、たぶん途中《とちゅう》であきらめて、布団の中で一年中過ごして引きこもっていただろう。
そのときまでモノクロに見えていた空が、綺麗《きれい》な青色をしていた。
「これが、ボクの人生だった」とぼんやり呟《つぶや》いていた。

今のボクが思うこと

いじめられ体験を、次のステージへ持ち越す当事者の方が多いです。小学校の頃のいじめが中学校になってからフラッシュバックしたり。中学校の頃に苦しかった体験が成人になってから不意に思い出されて、体調を崩すこともあったり。

発達障害をもつ全《すべ》ての人が、フラッシュバックを引き起こすわけではないですが、発達障害の人と話をしていると、いじめや強烈な叱責《しっせき》体験によって、大人になってから苦しみ続けることになる人が多いように感じます。

多くの人に伝えたい。いじめや叱責体験などのように、本人が納得《なっとく》できないと予測されるような関わりは、絶対に行わないようにしてほしいと。こうした体験は、あなたが去ったあとに、突如《とつじょ》襲ってくる時限爆弾のようなものだから。

仕事で何ができないか

過去の経験や記憶をもとに、自分に何ができないのかを書き出す作業をした。パンドラの箱を開けて処理《しょり》するのに1か月以上はかかったが、そこから次の仕事をどうするか考えていた。

しかし、ボクには時間がなかった。貯蓄《ちょちく》が底を突きかけていた。

やばいな、生きやすく生きる前に、金がなくてそれどころじゃないぞ。

まず、障害があるということで、できないことをリストアップした。「マルチタスクができない」「人と共同作業ができない」「場《ば》の空気が読めない」「表情が読めない」「一つずつしかできない」などと、あらかた書き出したときに、気持ちも心も折れた。

やっぱり、障害があるからといって、できないこと探しをすると、メンタル病むわ。それから数日間は放り投げた。

では、できるところ探しをしてみようと考えた。当然、うつ病でダウンしている状態なので、自信をもって得意だといえるところは出てこなかった。やっぱり数日間、布団《ふとん》の中に潜り込むことになって、それでも必死になって一つだけ絞《しぼ》り出した。「独りの仕事で、他者と交わらない仕事は上手《うま》くいっていた」と。そこから、自分のことを客観的に見ることができていった。それが障害受容《じゅよう》なんだと。できるところから、苦手なことを見つめるのが、真の障害受容なんだと。

今のボクが思うこと

発達障害の支援をしていると、支援者からこんな話をよく聞くことがあります。「あの人、障害受容できていないよね」と。ボクにとってその言葉は、違和感《いわかん》を覚えるものでしかありません。どうして支援者の方々がそういう発言をするのか、ボクには真意がつかめなかったので、どの方にもよくよく話を聞くようにしていました。そして、支援者や関係者と話をする中で、共通する部分があることに気づきました。

それは「支援者の言うことを素直《すなお》に聞いて実行する人」が障害受容ができていて、支援者のアドバイスを聞いて実行できなかったり、拒否《きょひ》をしたりする人は障害受容ができていないと判断しやすい傾向《けいこう》があるのではないか、ということです。

そんな仮説を立てていると、障害受容ができていないと批判する支援者に関しては、主《おも》に「当事者に苦手なことを突きつけて、本人に受け入れさせる」という思いが強いように感じたときもありました。もちろん、全《すべ》ての支援者にそうした傾向があるわけではないですが、ボク自身が当事者になってから、支援者と話をしていて思うことが多くなりました。

当事者としては、苦手なことを突きつけられたときに、それだけを認めるというのは、たまったものではありません。むしろ、できない自分に苦しくなって、自信がなくなり外に出られなくなってしまうぐらい、つらいことです。ボクが当事者と障害受容について話し合っているときにも、「苦手なことを指摘して、それをなんとかさせようとするのも大事だけど、自分のありのまま、そのままを認めてほしい」「同じ人間として接してほしい、そうしたら自分のことも話せる」と言われることがよくあります。

支援者と当事者の見解の違いが、今の支援を滞《とどこお》らせているのであれば、障害受容だけではなく、対等に話し合う機会をもっともっとつくっていくべきだと考えています。

ウダウダ考えていたら、貯金がなくなった

さあ、新たなステージへ、と綺麗《きれい》に進みたかったけれど、ボクの人生はそう甘くはなかった。ボクには何ができるのか、なんだったらボクはできるのか考える作業を、何か月か突き詰めていく中で、いよいよ貯蓄《ちょちく》が底を突こうとしていた。

あと3か月ぐらいで貯蓄がなくなるという時点で、ボクに何が向いているのか、何が向いていないのか考える前に、温かいお布団《ふとん》からおさらばしなければならなかったのだ。

ハローワークに行き求人票をあさることにしたが、うつ病があったため短時間で働ける仕事がなかったことが、仕事探しでは問題だった。また、心理士の仕事も全《まった》くない。一体どうすればよいのか、また振り出しに戻ることになる。

仕事を探す

休職前にボク自身が、発達障害をもつ人たちへの相談業務をやっていたことから、関係機関の人とプライベートのつながりがあったことを思い出した（会社の情報を使ったこと

はないことは前提のうえ)。とにかく、何回か会っただけの人でもいいから、電話をし、すぐにでも短時間での心理士の仕事がないか電話をかけまくることにした(職場の情報は一切《いっさい》出さずに)。生まれ育った地元や、各福祉施設の知り合いに声をかけまくっていったが、難しいという回答しか返ってこなかった。

そんな中、ある会社が求人を出しているのを見つけた。心理士という仕事でようやく見つかった。そこに履歴書《りれきしょ》を持って面接に向かう。面接官に、ボクが最近、発達障害の診断《しんだん》を受けたこと、うつ病の診断があったことを告げると、一緒《いっしょ》に仕事ができたらと快《こころよ》く言ってもらえた。ボク自身もそこで働けると思っていたが、案《あん》の定《じょう》、人事の方から不採用の連絡がきた。理由はよくは覚えていないが、不採用の連絡は、精神的にも肉体的にも折れそうなぐらいつらかった。

途方《とほう》に暮れた。また、死にたいと思った。うつ病も治っていなかったので、一日の稼働時間も数時間と限られていた時期だったため、何度も、松江《まつえ》と出雲《いずも》にまたがる宍道湖《しんじこ》に車ごと突っ込んでやろうかと思うほどだった(今でも、仕事に疲れて帰宅しているときには、そう思うことが何度もあるけれど)。

障害を開示《かいじ》した仕事を引き当てる

世の中には、非常《ひじょう》に物好きというか、ボクみたいな変わった人と一緒《いっしょ》に仕事をしようかとチャレンジする人が現れるなんて、当時は本当に考えもつかなかった。ある福祉施設にボランティアでお手伝いをさせていただく機会があって、そこの職員さんにも何度も、働かせてくれないかと行くたびに懇願《こんがん》していたのだが、相《あい》も変わらず笑顔で「人足りているんだわ」と断《ことわ》られていた。それでも貯蓄《ちょちく》が底を突くことが目に見えていたので、もう必死だった。

なぜそうまでして心理士の仕事にこだわっていたのか、それには理由があった。大学も大学院も発達障害のことしか勉強してきていないボクが今更《いまさら》、別の仕事でまともに働くことのできるイメージが全然もてなかったこと、それに人生の中で、唯一《ゆいいつ》成功したといっていいのが、心理士の仕事だった。それには自分自身誇りに思っていたし、プライドもあった。向いていないにもかかわらず、もうボクには退路がなかったのだ。

話を戻すと、福祉施設の職員さんはただ断っただけではなく、「他の施設で見学してみないか、ちょっと知り合いに声をかけてみる」と言ってくださったのだ。非常にありがたかった。その職員さんとはすごく仲が良く、仕事も丁寧《ていねい》で、ボクに対する態度が適当な感じがよかった反面、大丈夫なのか不安になりつつ、紹介をしてもらうまで待つことになる。

そして見学の日が決まったこともあり、トントン拍子《びょうし》で、心理士として働くことが決まる。

◎ふたつの立場をもつ支援者として

さて本題に入る。ここまで当事者の体験談を書いたのには理由がある。当事者としてのスタンスが、改めて支援者として働くための基礎《きそ》になったからだ。ここからは、ボクの療《りょう》育《いく》を通して、どうすれば当事者が生きやすさをテーマにしていくことができるのかを、伝えていく。

今のボクは主《おも》に、発達障害の子ども（幼児から思春期ぐらいまで）の療育を保護者同伴《どうはん》で行っている。また、大人の人に対しては、カウンセリングという形を取っている。療育のほうがトレーニングの要素が強く、カウンセリングは言葉でのやりとりに重きを置いている、というぐらいの区別だ（専門書ではないので、この辺の差異《さい》はご容赦《ようしゃ》ください）。

ここから先では、どのように療育やカウンセリングで子どもの状態をアセスメントしていくのか、どのようなスタンスで仕事に臨《のぞ》んでいるのかについて、語っていきたいと思う。

ボクが、障害のある子どもから大人までと向き合うときに、大切にしていることがある。それは「その人にとっての生きやすさを探求する」ということ。これは心理士としての手法的なことではなく、エビデンス（科学的根拠《こんきょ》）があるということとも少し違う。ボク自身の当事者としてと、心理士としてのちょうど中間にある〈信念〉みたいなものだと思っている。

生きやすさとは何か

ボクが発達障害の人や保護者の方と話をするときに、ズレが出てくる。その考え方のズレは何なのか、自分が当事者になってから痛いほどよく分かった。

例えば当事者からは、「障害があるからどうにもならないんです」というつらい思いが吐き出されることがある。また、社会に一生懸命適応しようとして、普通になり続けなければならないと思い込んでいる人もいる。保護者の方から、障害のある子どもをもって深く愛せないんですというような相談や、どうしても通常学級で勉強させて普通に社会に出したいんです、という思いを告げられる場面もある。

こういう問題にぶつかったときに、ボクは「なまけるわけではないし、頑張らないわけではない、生きやすく生きていこう」と伝えている。ボク自身、小学校の頃から普通にみんなと一緒《いっしょ》に勉強ができるようになりたかったし、社会に出てからも一般の人と何もかも同じようにしなければならないと思い込んでいた。そうした結果、自分の心の動きも身体の動きも制限されて、精神が不安や恐怖によってむしばまれていった。

普通とは何か。ここで深く議論をすることは避けたいが、当事者の人も保護者の方も普通という言葉だけにとらわれて、肝心《かんじん》な、障害をもつ当人はどう生きたいと思っているのかが、置き去りになっていることがあると思う。

そういった苦しみに対しては、「いくら改善しても、改善した先には改善しか待っていないよ、だから普通ではなく、その人なりの生き方を応援することが生きやすさではないか」と伝えている。ボクがそういうふうに伝えると、ふと肩《かた》の荷《に》が下りたように、ニュートラルに問題と向き合えるようになることが多かった。

今のボクが思うこと

このような療育《りょういく》的な信念をもつことは、大切なことです。例えば、障害がある子どもを普通にしたい支援者と、今の発達段階をみて、将来的に援助付きの自立でもじっくりやれるように支援していく支援者とでは、どんなに良い療育を行っていても、結果が悲劇になるか楽になるか、方向性が大きく変わってくると考えるからです。

他の当事者と向き合うとき

障害をもつ人に出会うとき、それは子どもであっても、大人であっても、発達障害者であっても、他の精神疾患《しっかん》や障害があっても、ボクのスタンスは変わらないように心がけている。障害がある人といっても、障害名を知っている人もいれば、本人は知らず保護者の方だけ知っていることもある。言葉を話せる当事者もいれば、言葉すらもっていない人もいる。障害をもつ人たちの支援というのは、多様性を受け入れるところから始まる。

障害をもつ人たちと接するときに、思い続けていることがある。「生きやすく生きよう、共に生きよう、決して見放さないからね」。ボクの目の前でパニックになって大きく泣く人もいれば、ボクに向かって怒り出す人もいる。でも本人のパニックの世界は、本当につらいものだとなんとなく分かる。「今苦しいんだ、今が大変なんだ。だから助けてくれ」と、言葉にもならない言葉を必死に伝えてくることもある。

だからいつもボクは、どうすれば落ち着くのかを一緒《いっしょ》に考えるようにしている。「怒っちゃ駄目」とか「泣き止みなさい」なんて言葉は使わず、ただただ彼らの世界が平穏《へいおん》になるまで待つことにしている。落ち着いてから、一緒にどうすればよかったか考えるようにしている。

支援は包丁《ほうちょう》のようなもの

発達障害の人への療育《りょういく》で、繰り返し同じような課題にチャレンジしていく方法がある。応用行動分析学（ＡＢＡ）のディスクリート・トライアル・トレーニング（ＤＴＴ）で、１日１回程度しか練習の機会がなく、定着しにくいお子さんに教えたりする方法で、何度も何度も繰り返し練習する方法を使ったりする。

カードを何回も選択させたりすることもあれば、手洗いやトイレの練習を何度もする場合もある。もちろん、本人とゲラゲラ笑ったり保護者の方と楽しく取り組むために、本人の好きなキャラクターを使ったり、あと何回で終わりなのかホワイトボードで示したり、紙に具体的な手順を書いて知らせたりすることもする。これは強制ではなく、面白く興味津々《きょうみしんしん》にチャレンジできるようにもっていく。決して叱《しか》ったりはしないし、無理やりすることもない。面白く分かりやすいチャレンジの機会をつくっていく。

一方、発達障害の小学生から大人までの人を対象に、社会スキルを身につけるために、ソーシャル・スキル・トレーニング（ＳＳＴ）を行ったり、認知行動療法を行ったりする。教材を用意して、一緒《いっしょ》にこうすれば楽になるよね、練習していけば自信になるよね、と本人や保護者の方と一緒に練習をすることもある。だんだん学校や社会に出ていく自信がつくようになって、楽になった人も多い。

ここで詳しく書かないのには理由がある。だって発達障害の人を改善するための療育方法や養育方法の本はたくさん出ているから、そちらのほうを参考にしてほしい。ボクの本を読むよりも、イラストがあったりして分かりやすいと思うからだ。

ボクが伝えたいのは、「支援はかなり切れ味のよい包丁だ」ということ。包丁は、野菜を切ったり刻んだり、肉や魚をさばいたりすることができる。使い方によっては、本当に美味《おい》しい料理をつくることができる。

でも、包丁をひとたび他の人に向けると、それは凶器《きょうき》にもなる。だからこそ支援者の信念がとても重要で、誤《あやま》った使い方もできてしまうということを知ってほしい。

支援をしていく中で、「この子を一般社会に通じるように普通にしなければならない」「大人になったら困るから今教えなければならない」と支援者や保護者の方が考えていくと、おのずと定型発達の人（発達障害をもっていない人）に限りなく近づける対応を行い、そうしたステップを組まれることになる。

これに対して、何が悪いのかと反論する人も出てくるとボクは分かっているため、あらかじめ伝えておきたいことがある。

「あなたが考えている信念に、当事者本人の言葉は組み込まれていますか？」

周りの人があれこれどういうふうに考えていて、推し進めようとしても、そこに当事者の言葉がなければ、何の意味もないとボクは考える。だって、誰《だれ》の人生でもない当事者本人の人生なのだから。

視覚支援の意味

発達障害の子どもや大人に向けた支援の本を読んだり、講演会で支援方法について聴きに行ったりすることがある。そこでは、視覚支援という言葉だったり、構造化という言葉だったり、環境調整だったり、目で見て分かりやすくしましょうと述べられていることが多い。もちろん、それだけではなく、身体の不器用さの対応方法や読み書きなどの対応、協調運動へのアプローチなどアクティビティを中心とした講演会もあるが、そこでも本人が取り組みやすい工夫として、発達障害や他の障害の人に向けての視覚支援がなされていることが多い。

ではなぜ、視覚支援が必要なのだろうか。ボク自身が講演中に、参加されるいろいろな方に訊《き》いてみている。「どうして発達障害をもつ人には、視覚支援が必要なの？」と。別にボク自身が会場の方に意地悪《いじわる》をする意図《いと》をもって質問をしているわけではない。本当に支援者や家族の方、他の当事者の方がどう思っているのか知りたいという純粋《じゅんすい》な気持ちで質問をしている。

そしてフロアの人と一緒《いっしょ》に考えるスタンスをもつようにしていると、参加者の皆さんがいろいろと発言をしてくれる。「障害をもつ人にとっては、分かりやすいから」「目で見て分かりやすいから」「見通しをもって過ごせるから」など。

そのあとに、ボクはさらに疑問が湧《わ》いてくるので、もっと質問をしてみる。「なぜ分かりやすいの？」「なぜ見通しがもてるとよいの？」と。その後の参加者の言葉は、全《すべ》て当事者のためのものであるという趣旨《しゅし》のもので、視覚支援は誰のためでもない、当事者のためのものだということを、ボク自身教えられ続けている。こうした質問は、参加者にもさまざまな人がいるため、配慮《はいりょ》もしつつ、訊《たず》ねていきたいと感じている。

ボク自身、実際に、発達障害のある当事者に聞いたことがある。「どうして言葉で指示されるよりも、視覚支援をしてもらうほうがよいの？」。すると、当事者の女性がこう話をしてくれた。

「わたしにとっては、人の声は波のよう。人の声がたくさんになると、波がたくさんになり、わたしにとっては苦痛」

そして続けてくれた。

「わたしは、人から聞いた言葉を頭の中のスクリーンに書き出している。そして、書き出したあとに、頭の中の文章を読んでどんな内容だったか確認している。たくさんの指示や話を聞いていると、頭の中で書き出している最中《さいちゅう》に書き切れなくなってどんどん言葉が消えていってしまうし、どんどん書いたものが消えていってしまうので、だから書いて知らせてほしい」

ボクはそんなことを考えていなかったので、彼女の言葉は非常《ひじょう》に重かった。そして大切な言葉だと感じた。しかし、この言葉は発達障害者の全員に一致するものではない。発達障害者一人ひとりに、見え方・感じ方があり、それぞれが違った世界の住人であることを認識したうえでの言葉だった。だからこそ、当事者一人ひとりに合わせた支援を、本人の世界観に合わせてフィッティングしていく必要があると思う。

彼女の言葉だけが発達障害者の総意ではないけれど、こうした言葉を紡《つむ》ぎ出せる当事者を、支援者と一緒に誕生させていくことも、社会的には意義深いものではと考えている。

今のボクが思うこと

ひとりの支援者としてのボクの考えでは、視覚支援は、発達障害の子どもから大人までの支援では必須《ひっす》だと思われます。視覚支援の意味を聞かれれば、ケースによって違いますが、「障害をもつ本人が安心するためのツール」であると伝えています。

見通しがもてるようにスケジュールを写真や箇条《かじょう》書《が》きにしたり、あと何回で終わるのか紙に○を書いて知らせたり、カウンターが出てくるアプリを使ったりします。本人が混乱した状態から、少しずつ安心した状態で取り組めるようにするためのツールだと感じています。

また、要求ができるように写真カードで練習をしたり、社会的な文脈を見える化するために状況をイラストで書いたりします。他にも、場所ごとで活動を変えるようにセッティングしたり、パニックや不注意を減らすため、余計《よけい》な刺激が入らないようにパーテーションをしたりする環境調整を行うときもあります。それも全《すべ》てが、当事者が安心できるためのものです。

ボク自身が当事者として思うことは、混沌《こんとん》とした状況で慣れることはないということ。言葉が飛び交い、指示が飛び交い、そして、やっては駄目なことだけ張り出されるような場所は、苦痛でたまらない。どうすれば安心できるのか、それが分からないため経験させてほしいと願っています。

安心を経験させてもらえれば、どちらの環境がよいのかは、ボク自身で選ぶことができるから。それが障害をもつ人への権利だと思うから（でも、権利は安心のための権利であって、相手の権利を侵害《しんがい》するための権利ではないことを申し添えておきたい）。

褒《ほ》めることが大切？

発達障害の子どもから大人までの支援をしていると、必ずと言っていいほど「褒めましょう」という言葉が出てくる。そういうアドバイスもたくさんある。ボクはいつも不思議《ふしぎ》に思う。なぜ褒めることが重要なのか、当事者としても分からない。だからと言って、「褒めても変わらないから今度は叱《しか》りましょう」という風潮になっても、それはそれで困るわけで。褒めることが無駄とは言っていないことには気をつけて、最後まで読んでもらいたい。

褒めること、認めること、労《ねぎら》うことの主体は誰《だれ》なのか考えてみると、ボク自身が納得《なっとく》した。この主体、この主語は、周囲の人なのだ。例えば褒める人が教員であったり、認める人が会社の人であったり、労う人が親なのである。当事者が含まれていない。

ボクは、褒めたのに無駄だったというような発言をされたら困ると思う。たとえその発言を思い出してみても、褒められたかどうかも分からないだろうし、むしろボクは、それ以前に褒められることがあまり好きではない。褒められることが、苦痛になる当事者もいる。

でも、よい行動には、褒めていきましょうという言葉だけが独り歩きして、当事者がどうなっているのか、実態が分からないまま言葉だけが普及《ふきゅう》してしまった点が、ボクは問題ではないかと思う。

ボク自身が薦めたいのは、「本人が良い行動をしたときに、当事者を喜ばせる」ということ。これは、子どもから大人まで、知的障害があってもなくても共通するのではないかと考えている。そう、主体が周囲の人ではなく、当事者本人だということが大切だと、いつもいろんな場所で伝え続けている。

当事者の人が、褒められることが嬉しくてたまらないのであれば、「君はすごいね」ってボクも褒める。当事者の人が、ゲームが好きであれば、少し宿題をしたあとに、ゲームの話をする時間を用意する。

当事者の人が、トイレに行ったあとに、好きなおやつが少しだけもらえると分かったときの喜び方や、嬉しそうな表情は今でも忘れられない。良い行動があったときに、周囲の人が一緒《いっしょ》に祝ってあげて、そして当事者本人も満足できる結果が待っていることが、本当に成長するときだと信じている。

今のボクが思うこと

こういう話をすると、反論を受けます。発達障害をもつ子どもが頑張ったことについて、本人が喜ぶことを中心にしていくと、大人になったときに、この厳しい社会を生き抜くことができない。だからこそ、厳しい対応に慣れさせなければならないのではないか、それは甘えている人間をつくるだけではないか。そんな質問が出てくることがあります。

では逆に問いたいです。叱《しか》られた経験をもつ人、厳しい指導を受けてきた人が、数年後にはどうなったのか、知っているでしょうか。本人の将来が駄目になるという理由で理不尽《りふじん》に叱られた人たちが、今も引きこもっていたり、過去の体験をフラッシュバックさせて苦しんでいたりすることを知ってほしい。

叱られた経験をもつ人たちが全《すべ》て、社会からドロップアウトするわけではないです。でも、そういう体験を引きずり、叱った人がいなくなってもなお、終わることのないつらい記憶と戦い続けなければならない恐ろしさがあることを、知ってほしい。ボクは運よく立ち直ることができましたが、その当時も今も、つらい記憶と生死を懸け続けていることに間違《まちが》いはありません。

当事者のパニックと向き合うとき

発達障害をもつ子どもと一緒《いっしょ》にいるとき、当事者が思うようにいかなくて泣いたり怒ったりすることがある。また大人の当事者と関わっていても、本人がその場で固まってしまったり、つらくなって泣き出してしまったりすることがある。

そんなときにボクはいつも、島根弁で「どげしたかぁ」と聞く。最初の「ど」の言葉が一番大きく、だんだん息が抜けるように「げしたかぁ？」とトーンを下げるように伝える。決して「なんでそんなことをするの？」「泣き止んだら？」などと言わないのには理由がある。話し始めのトーンから、徐々《じょじょ》に最後の語尾《ごび》に向かってトーンが上がっていく言葉のかけ方だと、当事者は余計《よけい》にパニックを引き起こしやすくなってしまう経験があるから。

トーンだけではなく、「なんでそんなことするの」という言葉のあとに「今すぐやめなさい」とか、「泣き止みなさい」という言葉のあとに「そうしないと怒るよ」などと言われた経験があれば、フラッシュバックしたり、ボクが怒らないにしろ関連づけてしまうから。不用意に使わないようにしている。

島根弁の「どげしたかぁ」のように、トーンを下げながら言う言葉は、島根のおじいちゃんやおばあちゃんがよく心配しているときに使う言葉なので、割と当事者の人にも受け入れやすい。また他の県の人にも試してみたのだが、余計な関連づけられたイメージがないため、割と落ち着くことが多かったように思う。

話を戻すと、それほど当事者のパニックというのは、繊細《せんさい》なものだということ。少しの声のトーンを察知して、敏感に反応することがある。パニックになったときには、当事者本人もボクもどうすることもできない。なので落ち着くまで、ゆっくり寄り添って、時には声をかけたり、一緒に途方《とほう》に暮れたりする。そういう時間も必要なのだ。つい時間に追われて、せかせかとパニックを収めてしまいたいと支援者や周りの人は思うかもしれないが、ゆっくり時間をかけて、当事者の心を解きほぐす時間も必要だと思う。

ボクは、パニックになったときは思考が止まるが、行動自体は周囲から見ても判断がつかないらしい。それをボクは『静かなるパニック』と呼んでいる。パニックを隠してしまえばよいという間違《まちが》った学習の産物だ。ボクはひとたびパニックになれば、世界が終わる。ただ頭の中で不安と恐怖が渦巻き、それが頭の中を支配する。パニックからの復旧には何時間も、何日もかかる。

そういうときに、たたみかけるように指示されると、感情が制御《せいぎょ》できなくなってしまい、感情的に怒ってしまう(もちろん、療育《りょういく》やカウンセリング中には決してそうならないようにしている)。当事者兼支援者のボクにとっても、パニックで世界が終わってしまえば、もうどうすることもできなくなってしまうのが現状。

だから、少しでもつらい状況であれば、寄り添ってほしいとボクは思う。

今のボクが思うこと

パニックになったときの対処法は、発達障害の本を読めばいくらでも書いてあります。周囲の人の対応として、事前に代替案を提示しておく、ルールを決めておく、そもそも行動問題が起こらないような環境にしておく、パニックになれば落ち着くまで待つ、泣いて要求する行動を強化しない、安全を確保《かくほ》してその場から離れ遠くから見守る、などの対応策が書かれていることが多いです。

そのことに関しては、発達障害の子どもや大人への対応として、間違《まちが》った内容ではありません。でも支援者としては、まず、過去に何のパニックになったのか、状況の洗い出しを徹底的に行うことが、ハウツーよりも必要ではないでしょうか。当事者としても、何が今までそうしたパニックを引き起こしてきたのかを、振り返ることが大切です。

パニックの対応はどうすればよいか。当事者からでも支援者からでも、聞かれたときには、「いつ、どこで、どんな状況で、誰《だれ》によって（または単独で）、パニックになってしまったか、そして周りが（本人が）どう対応したか」という行動問題の傾向《けいこう》を知ることと、「どういうときはパニックにならなかったのか、どういう状況であれば回避《かいひ》できたか」などの成功体験も含めて、状況を洗い出していく。

ここで気をつけないといけないのは、当事者が語れない場合や、当事者に聞き出すことでフラッシュバックが誘発《ゆうはつ》される場合。そんなときは、無理に聞くことはせず、周りの支援者や保護者、近しい人から情報を集めるようにします。今までの生育歴《せいいくれき》やパニック歴などをよくよく調べながら、どう対応していくのがベターなのかを探っていく作業をしていくことで、当事者もよりよく生きることができるようになっていくと思います。

◎支援者として使っている手法

ここまで当事者として、支援者として、どういうふうに発達障害をもつ人たちを支える仕事をしているのか、〈信念〉の部分の話を重ねてきた。具体的な手法なんかなかったじゃないか、なんだそんなものかと、批判《ひはん》をされることは覚悟《かくご》のうえで書いてきた。

発達障害関連の支援の本は、本屋にたくさんある。でも、発達障害者の権利を守りつつ、どのようなスタンスで関わったらよいのか、当事者がどのようなスタンスで向き合ったらよいのかが書かれている本は、ほとんどない。ボク自身が当事者と支援者の世界をもっていることで、両方の視点から書いてきたけれど、他の発達障害関連の本も読んでほしい。多少は別の角度から読むことができるようになるのではないかと、ボクは勝手に期待している。

最後に、具体的な技法のワークを少しだけ紹介する。支援者として当事者と向き合うときに、必要に応じて使う手法だ。当事者にどのようにすれば、自分から気づけるようになるのかのエッセンスが含まれている。押し付けの支援ではない、気づかせる支援の例を見ていただければと考えている。

◆特性に気づくワーク

(例1) なぜ表情を見ないといけないのか

難波《なんば》「大人の人に、目を見てお話聞くようにって言われることある？」

本人「ある」

難波「じゃあ、なんで目を見ないといけないのかな」

本人「大切だから」

難波「なんで大切なの」

本人「分からない」

難波「なんで大切か、ちょっとした活動やってみない？」

本人「うん」

難波「じゃあ、うしろ向いてごらん、難波さんがお話するよ」

本人「分かった（難波に背を向ける）」

難波「じゃあ、お話するね。(激烈《げきれつ》怒った顔で、トーンは普通で)今日は学校でよく頑張ったね。(表情を普通にする)じゃあ難波さんのほうを向いて。難波さん、喜んでた? 怒ってた?」
本人「喜んでいた」
難波「そうなんだ、じゃあもう一回するね。(激烈怒った顔で)今日は学校でよく頑張ったね。どうだった?」
本人「怒っていた」
難波「今の気づきは、すばらしい! 言葉だけでは、相手の気持ちって分からないことがあるんだ。だから目を見ても意味ないけど、相手を見ることで、相手が怒っているのか喜んでいるのか分かるよね」
本人「へぇー」

これは、相手の顔を見ることに重点を置いたワークだ。でも、顔を見るときには、ほかにも必要な要素がある。顔や口を見たほうが指示を聞き取りやすい、目線と眉《まゆ》の動きで相手の考えていることを推察するなどの方法があり、その人の特性に合わせて、実施している。

ただ、こうした手法をやれば気づくとも限らない。当事者とそのニーズを確認しながら行う。そもそも、顔を見ることで、相手の指示が全《すべ》て吹っ飛んでしまう人もいるため、一律《いちりつ》にこのワークを使うことは、推奨《すいしょう》はしない。

（例2）「忘れた」「知らない」という人へのワーク

難波　「今日は何かした？」
本人　「学校行った」
難波　「どうだった？」
本人　「遊んだ」
難波　「そうだったんだね、それで何をして遊んだの？」
本人　「忘れた（または『知らん』）」
難波　「そうなんだ。ブランコで遊んだとか、鬼ごっこしたとか」
本人　「忘れた」
難波　「じゃあ、ちょっと変わった質問してもいい？」

本人「うん」
難波「君の頭の中（本人の頭を指差して）には、何をしたかある？（または『記憶はある？』『覚えている？』など）」
本人「ある」
難波「言えそう？」
本人「言えない」
難波「じゃあ、これから、うん、か、ううん、で答えていいから、聞いてもよい？」
本人「うん」

発達障害をもつ人の中でも、記憶はあっても言葉にできない人が時々いる。話す気がないわけでもないし、相手に知ってほしくないわけでもない。そういう人のための、当事者とボクが分かり合うためのワークだったりする。

ただ、本当に頭の中にも記憶がさっぱりない人もいる。そういう人に対しては、今分かる範囲での話を聞き出していったり、記憶を引っ張り出しやすいように学校の連絡帳や、手がかりとなりやすい手帳を用いながら確認をしていったりする。そしてどうすれば記憶にとどめて、相手に伝えることができるのかを一緒《いっしょ》に考えていく。そういう方法もある。

◆相手は話ができなくても電話をする方法

ある当事者の方に電話をかけたときに、言葉を話すことができないぐらい、その人がつらい状況にあったりする場合がある。そのときに、ボクと本人とで編《あ》み出した方法を紹介する。

難波「（電話をかけて、つながる）やぁ元気？」
本人「……」
難波「あら、どうしたの？　話せる？」
本人「……」
難波「分かった。なら、【はい】なら1回マイクをタップ、【いいえ】なら2回タップをしてね」

本人　「（タン）」
難波　「今日は何か、いやなことを言われた？」
本人　「（タン）」
難波　「家で何か、いやなことを言われた？」
本人　「（タンタン）」
難波　「職場で言われたの？」
本人　「（タン）」
難波　「それは職場の人？」
本人　「（タン）」
難波　「注意されたの？」
本人　「（タンタン）」
難波　「他の人が注意されたのを聞いたの？」
本人　「（タン）」
難波　「いけんかったねぇ」

このように携帯をタップすることで、相手の伝えたいことを聞き取る方法もある。大切なのは、本人に対して何ができるか、何によってであれば伝えることができるのか、分かり合えることができるのかで、その過程《かてい》に言葉が不必要であったりすることに気づいてほしい。

発達障害の世界では、あり得ないことがあり得る、そしてあり得ない方法は、その人にとってどうすれば楽に生きやすくなるかを考えていけば、おのずと答えが見つかるときが多いとボクは思っている。

◎この章のまとめ

この章では、当事者として苦悩したこと、支援者としてどういうスタンスで関わっているのかということを述べた。これは、さまざまな方の助言や指導があったからこそできたことで、全《すべ》てが自分で発見して勝ち取ってきたものではない。人に支えられてきたぶん、人にどう寄り添うかを考えてきた結果なんだと、ボクは考えている。

どんな当事者であっても、その人なりの生きやすさを求めてよいし、当事者が自分で生きやすさを見つけ、それを周りが支えられるような社会であってほしいと願っている。

次の章では、生きづらさの中にあるボクが、どうすれば生きやすく生きられるのか、まだまだ発展途上《はってんとじょう》ではあるけど、改善術について述べていきたい。

第3章

ボクの生きやすさ改善術・障害受容

――オモロイ世界に向けて

障害と付き合っていく中で、
毎日のように困難さが出てくる

そういうときは困ったと、
とりあえず途方《とほう》に暮れる

そこから少し出てきたときに、
どうすれば生きやすくなるのかを考える
それがボクの生き方

発達障害の人が100人いれば、
100通りの対処法がある
当事者がいるぶんだけ、
解決の糸口はあると思っている

だから、ボクの話を通して、
どう人生を切り抜けていくのか
1つの事例として参考にしてほしい

◎ボク的生きやすさとは

生きやすさと改善

ボクは何か月もの間《あいだ》、コンビニの定員さん以外とは社会的な接触《せっしょく》をほぼ断《た》って、引きこもっていたときに、生きやすさって何だろうと考えていた。ご飯を食べているときも、トイレの中にいるときも、大好きな布団《ふとん》の中にいるときも、考えていた。もちろん、うつ状態で死にたい気分になっているときも、考えていた。

ふと思った。片づけるときも、コンビニで支払いをするときも、ゴミを出すときも、「あぁボクって苦手なことばかりしていると生きづらいな」と。じゃあどうするかというときに、人には迷惑《めいわく》を極力《きょくりょく》かけずに、楽に生きられる方法はないかと考えるようになった。

あるとき、知り合いに電話をすると、「発達障害？　そんなん見えない見えない、そういうのじゃないと思うんだけど」と言われた。心の中がもやっとした。そんな気持ちを投げたくなったし、人生も投げたくなったが、そのときも「あぁ生きづらいよな」と思った。

生きづらいとボク自身気がつくようになってから、どうすれば生きやすくなるのか考えることができた。「片づけがしんどくて苦手なら、少しでもやったらお祝いにラーメンを食いに行くか」と思えば少しは気が楽になった。「不安になったときどうすればよいのか、書き留めておいて、医師に相談してみるか」と思えば、なんだかまだマシになったように思った。

そういう積み重ねが、改善につながったと思う。誰《だれ》かに言われてからロボットのように動くことはやめた。それだとボクの人生ではないから。今よりも少しでも心が安らかに、苦手なことも苦手ではなくなるために、ちょこっと改善に取り組む。そんな炭酸水の気が抜けた状態ぐらいが、ボクにとっては楽な生き方だと思った。

ただ、絶対に犯罪はしないこと、人にお金は借りないこと、などの掟《おきて》だけは、肝《きも》に銘《めい》じて。

今のボクが思うこと

最近の発達障害の支援の現場は〈生きやすさのための支援〉ではなく、根本の考えが違ったりするので、もやっとします。それは、「あなたは生きづらいんだよね、そうかそうか」と言う前に、「あなたは障害があるから、○○しましょう」的な支援の押し付けがあったりするから。本人の意見はなかったことにして、どんどん支援計画が作成されて、将来の方向性までコントロールされる。それでは、誰のための人生か分からなくなってしまいます。

子どもから大人までの障害をもつ当事者とボクが接する中で、本人がどうしたいのか、どうすれば生きやすくなるのか一緒《いっしょ》に考えるなど、意思《いし》決定を大切にしています。それが当事者の権利だから。

では、本人の言うとおりにすればよいのかというと、問題行動に関しては、ボクも心理士として反対の言葉をかけたうえで、それ以外の方法でどうすれば本人が落ち着いて過ごせるのかを一緒の目線で考えます。実践してみて、これが一番難しいのですが。

援助を受け入れること

社会スキルは、一人で学ぶことはできない。学校に行っても、会社に行っても、誰《だれ》かと会って必ず関わらないといけない。無人島にいるならまだしも、そういう状況は今の社会ではまずない。誰かと関わりながら生きていくことが必要になる。

ボクは、小さい頃から援助を受けることが嫌《きら》いだった。学校の先生の指示を聞いて動くことに違和感《いわかん》があったし、周りが見えていなかったので、自分がしたいことをしたいぶんだけしていた（そのぶん、周りに迷惑《めいわく》をかけたことは反省《はんせい》している）。大人になってからも、「難波《なんば》君、大丈夫？」とか「これはやっておいたほうがいいよ」といわれていたが、なぜそんな自分で決められないことばかりやらないといけないのかと全然納得《なっとく》がいかなかった（一応は、公的な場の整理整頓《せいとん》や、挨拶《あいさつ》や丁寧《ていねい》な話し方などを指摘されたと記憶している）。

なぜ納得しなかったのか。たぶん、ボクを知っている人は怒るかもしれないけれども、周りの人たちからの言葉かけにボク自身の気づきがなかったから。命令をされるばかりの息苦しさに、反発していた。でも周りの人から見たら、危なっかしくて、見てられないから、やさしさのあまり声をかけてくれたのは、今では感謝しているが、当時のボク自身が学ぶことは何もなかった。

ではなぜ、援助を受け入れたのか。援助を受けることで、ラッキーなことがあるからだ。「難波君こうしたほうがいいよ」といわれれば「どうしてしなければいけなかったのか教えて」と指示の意味を聞くようにもした。援助を受けることで、失敗の確率が下がることや、様子《ようす》を見てどういう結果になるのか観察できるからと思うようにすると、さらに気持ちが楽になった。

援助を受け入れる一方で、「ボクは障害があるから援助を受けなければならない」とは、今でも思わない。そんなことを思っても、お得なことなんて一つもないから。これはボクにとっての生きやすさではなかったので考えることをやめた（しかし、ボクは障害があるから、と言うのが生きやすさにつながる人もいるので、その言葉だけを否定《ひてい》したわけではない。ボクにとっては合わなかった、ただそれだけ）。

対人関係はギブアンドテイク

ボクのこれまでの対人関係は、「支援を、援助を、手助けを、くれくれ」と都合のよいときだけ言ってばかりだった。そして自分が得をすると、平然と去っていくスタイルだった。相手がどんな感情を抱《いだ》いているのかも、全《まった》く分からなかった。そうしているうちに、友達や先生はボクに近寄らなくなったし避けていって、最終的には誰《だれ》もいなくなった。高校のときも、大学のときも、友達はいなくはなかったが、いつも教室でしゃべる人はいないから、机《つくえ》に伏せて寝たフリをしていたぐらい。

どうしてこんなにも対人関係が壊れていくのか、ボク自身ではさっぱり分からなかった。なんでみんな去っていくのだろう。ボクって才能がないのかな、人徳がないのかなと悩んでばかりいた。

発達障害の診断《しんだん》を受けて、いろんな人と出会い、そして別れていったことを思い出した。そうすると1つ、気づいたことがあった。「ボクはみんなに、いろんなものをくれくれと言ってばかりだった、それだから人が離れていったんだ」。それはもう青天《せいてん》の霹靂《へきれき》のような、雷《かみなり》に打たれてショック死するぐらいの勢いで、ボクの頭の血がサーッと引いていった。

親からは、人には恩返しをしたほうがよいと言われていたこと、本でもそういう対人関係の積み重ねが大切だって書いてあったことの意味が、ようやく自分の言葉になって腑《ふ》に落ちた。

気づきって大切。自分で気づかないと、行動する意味すら失《うしな》ってしまう。ボクは馬鹿だし、クズだなと思いつつ、では、これからどうボクの人生を生きていくべきかを考えた。

①人から物をもらったときには、お礼を物で返すこと
②相手から情報をもらったときには、お礼と、相手にとって役立つ情報を伝えること（法的な範囲内で）
③相手からのメールやメッセージには、必ず返事をすること。もちろん、お礼の言葉を添えて
④自分から相手を必要とすること（誘ったり、遊んだり、出会ったりすること）
⑤相手から必要とされたときには一緒《いっしょ》になって考えること
⑥指示的に話さず、穏《おだ》やかなトーンの丁寧語《ていねいご》で話をすること
⑦冗談《じょうだん》や雑談《ざつだん》を交えること（そのためのネットニュースは欠かさず見ること）
⑧相手に大切な存在だと伝えること　などなど

大人になってから「感謝しなさい」「謙虚《けんきょ》でいたら」「真面目《まじめ》にやりなさい」などと言われたり、そういう言葉に触れてきたが、ボク自身その言葉が具体的ではなさすぎて、理解ができなかった。辞書で調べてみても、全然分からなかったので、自分なりに噛《か》み砕《くだ》いて意識して行動するようになった。

こういうことをもっと早くに教えてくれる人に出会いたかったが、出会うことができなかったので、今後はそうしたことを少しでも必要とする当事者の方には、ボクから伝えていきたいと思っている。

◎ストレス対処編

疲れのサインに気づく

ボクは、過集中《かしゅうちゅう》を小さい頃からもっている。子どものときは、何時間も休むことなく、トイレに行くことも忘れて、ゲームに没頭《ぼっとう》していたぐらい。大人になってからは、自分の疲れで、自分のイライラした気持ちを切り替えることができなかった。しかも、自分でも悲しいことに、なぜイライラしているのか、それが疲れからくるものかどうかも理解していなかったことに、周囲の方には申し訳ない気持ちになる。

うつ病になって、不安やイライラした気持ちのアップダウンに、ボク自身が注意を向けられるようにしてから、自分のつらい状態やストレスがたまっている状態に気づけるようになった。

あるときボクの車の中で、気づいたことがある。カーステレオだ。車を停車させているときに、音楽のボリュームを調整するが、その機器のボリュームが20のときは自分でも調子がよい日が多かった。すごく落ち着いて仕事もできる。しかし、ボリュームが15以下になると、不安が強くなり、調子が悪い。もっと調子が悪いときには、音楽を消してしまう。無音の環境のときには、精神状態が悪く、ミスや失敗も多くなっていることに毎日確認して気がついた。

また家でも、精神状態をチェックすることができる。部屋の散らかり具合を、立った状態で確認するのだ。床《ゆか》に洋服が散乱していたり、ごみが机《つくえ》の上に散らかっていたりしていると、頭の中がごちゃごちゃしている状態だなぁと捉《とら》えている。そこから、無理に片づけようとすると余計《よけい》に具合が悪くなってしまうので、まずは自分の状態に気づくところから。

今のボクが思うこと

疲れの度合いを、当事者自身が自分で気づくことは、難しい場合があります。感覚の鈍磨《どんま》であったり、視野が狭《せま》くなってしまったりしていて、今すぐ取り組まないといけないことに追われて、気づいたときには、ばったり倒れてしまうことだってあります。

そういう急激な、精神的・体調的に調子が悪くなる前のサインに気づくことが大切だと思っています。部屋の状況だったり、音楽のボリュームだったり、外部の端末《たんまつ》や状況や身体の些細《ささい》な動きから、軽いサインを見つけて対応していければ、生きやすくなるのではないかと思っています。

1か月の精神面やパニックの状態を把握する

ボクは、一日が終わるとすごく疲れていることがある。仕事中は、疲れがあるなぁという程度は分かっているが、仕事が終わってみないと実際に自分がどんなにつらい状態だったのか分からない。

身体的な疲れや身体の痛覚《つうかく》などには、過集中《かしゅうちゅう》の状態になっていると一切《いっさい》気づくことができない。またボクは、パニックになっていても、仕事はし続けることができる。会話もコミュニケーションもできることが多い。仕事が終わるまでの間《あいだ》は大丈夫なのだが、ひとたび過集中が途切れてしまうと、それはもう酷《ひど》い状態になる。

精神科には、毎月1回は、受診《じゅしん》をする。病院に行って医師に相談するときに、いつも困っていることがある。精神的な調子を聞かれても、ボクは何を答えればよいのか分からなくなっていた。1か月、いろいろあったことを思い出すことも難しいし、受診のときに合わせて体調を整えたりするので、自然と「大丈夫です」とパターン的に答えそうになっていたこともあった。

これでは医師に知ってもらえないと思い、スケジュール帳に10段階で一日の精神的な調子を記入するようにした。最初は、朝昼晩と記入していたが、それが面倒になってきたので、一日が終わったあとにまとめて、精神的な疲れと身体の疲れの数字を書き入れるようにした。

そうすることで、何日か忙《いそが》しい日が続いたとき、パニックになったあとの数日間は精神的な体調が悪くなり、バッタリ布団《ふとん》に倒れ込む傾向《けいこう》があることに気がついた。そのほかにも、いやな音があったとき（聴覚過敏《ちょうかくかびん》のため）、フラッシュバックがあったあとなども、スケジュール帳を見ながらであれば思い出すことができるようになった。

今は精神科の受診のときには、手帳を開いて、医師の診察《しんさつ》を受けるようにしている。最初は、1か月のエピソードの振り返りだけだったが、その後1か月の予定で精神的な具合が悪くなりそうなことも、予期することができるようになった。

何によって精神的な調子が悪くなり、何によって不安が持続しているのかを話すことが苦手だったボクが、5年以上の時間をかけて、少しずつ言葉を紡《つむ》げるようになった。現在は、医師の指導を受けながら、投薬の調整を緩《ゆる》やかに進めている。

今のボクが思うこと

こういう記述をすると、発達障害の人は向精神薬《こうせいしんやく》を飲まなければならないように感じてしまう人がいるかもしれませんが、薬に関しては医師の指示によるものです。しかしながら、当事者のさまざまな事情によって、薬に関して難しい問題が出てくることも確かだと思います。そういう問題について、医師とよく相談しながら治療方針を決定し、お互いが納得《なっとく》できた状態が、必要ではないかと思っています。

確かにボクは、医師の指示によって薬を飲んで精神状態の管理をしていますが、細かな精神状態の移り変わりだったり、季節や天候による精神状態の「ゆれ」についても、さまざまなツールを使いながら、メンタルの調整をしています。

ポイントなのは、発達障害当事者が生きやすくなるための一つの手段が服薬であって、それが全《すべ》てではないということです。場合によっては、環境調整が必要なことだってありますし、本人自身のスキルや認知変容に時間をかける必要だってあると思いますが、全ては当事者のためであり、その当事者の声を拾い上げながら、どういう生き方ができるか探ることが大切だと思っています。

身体的・精神的なストレスを除く方法

ボクは、水が好きだ。小さい頃から水滴《すいてき》を眺めることが好きだった。コップからこぼれた机《つくえ》の上の水の塊《かたまり》を眺めることも好きだった。何時間でも見ていられるし、そのときだけは心が洗われる感覚がする。

大人になったボクは、心の不調をきたしたときに、温泉へ行くようになった（温泉が、発達障害の人の身体的・精神的なストレスを除く代表的な方法ではない）。温泉へ行ってサウナに入る。ボクは汗をかくことが好きではないが、汗をかいて腕に付いた水滴（いわゆる汗なんだが）のツブツブを見ることは好きだ。また、サウナから出て、水風呂に入る。水風呂には、蛇口《じゃぐち》がついていて、水が滴《したた》り落ちて水面を揺らすのを見ることが好きだ。何時間も見ていたいのだが、身体が極端《きょくたん》に熱くなったり冷たくなったりするので、適度な時間で出入りをしている。そんな、自分にとって好きな感覚が温泉にはあるから、足を運んでいる。

今のボクが思うこと

一般的にはストレスや疲れを感じたときに、リラクゼーションがよいとか、運動をして発散させるとよいとか、発達障害関連でなくても結構盛りだくさんなぐらい書籍は出ています。ボクは、そういうものをただ当事者に無理やり合わせるのは、あまり好きではありません。そこには、発達障害者の声や生育歴《せいいくれき》が入っていないから。

ボクのリラックス法は水でしたが、当事者の人の疲れを除くような話し合いのときには、小さい頃から好きだった活動に関する生育歴を聞き出すようにしています。並べることが好きだったとか、ゲームが好きだったとか、本が好きだったとか、ぴょんぴょん跳びまわることが好きだったとか、グルグル回っていたとか、なんでもいいです。その情報から、本人が精神を落ち着かせて楽に過ごせる方法を探していきます。活動によっては、好きなことでも精神的に負担《ふたん》がかかるものもあります。そのため、過度にはせず、どういう感覚だったら、ある程度、今のつらさから離れることができるかというのを、試行錯誤《しこうさくご》して見つけていくことが重要です。

◎社会スキル編

全《すべ》ての社会スキルは模倣《もほう》することから真似《まね》をすること。

分からなくなったら模倣をすること。

ボクにとっての模倣は、

① 相手の動作を同じように真似をしてみること

② 相手の経験した話を聞き、同じように行動してみること

③ その他のインターネットや本などの媒体《ばいたい》から得た情報をもとに模倣をすること

自分に合った情報を取り入れて、ひたすら模倣をするということを就学前から大人になるまでやってきて、身についたことがたくさんある。

しかし、この方法には欠点がある。「なぜしなければならないのか」「どうしてそんな行動をしたのか」などと相手から聞かれると、自動で模倣していて意味なんてもっていないから、全《まった》くと言っていいほど、答えられないという現象が起こる。困ったものだ。

模倣《もほう》と行動の意味はセット

発達障害の子どもから大人までの人と一緒《いっしょ》に社会スキルの練習をするけれども、そもそもある行動を真似《まね》してねって伝えても、納得《なっとく》されない方だったり不思議《ふしぎ》そうに思われたりする方は多い。それはボクが悪いわけではなくて、イメージができなかったり、実行する意味が理解できなかったりすることがあるから。

ボク自身も他の人の行動を真似するようにしてから、前述のように周りの人から「どうしてそんなことするの？」と聞かれたときに「だって○○さんがやっていたから」と伝えると、天地がひっくり返るぐらい怒られた経験があったから。

そもそもどうして挨拶《あいさつ》で目を合わせなければならないのか、どうしてみんなと一緒に勉強しなければならないのか、どうして会社に出勤したときに前回の報告をしなければならないのか分からなかった。分からなかったけど、周りの人がそのようにやっていたので、同じように行動をコピーしてやっていた。会社（特定の場所ではなくあらゆる場所）でも、行動の意味を深く考えずに行動していたので、怒られ続けていた。

休職期間中に、こうした「なぜ」を一つひとつネットや本で調べていった。主《おも》に社会スキルという面だけではなく、社会の法律的な面から情報を仕入れていったように思う。どうしてこのような行動が罰則《ばっそく》にあたるのか、どのような行動をすれば労働基準法に抵触《ていしょく》するのか調べるようになった段階で、どうして人は会社で律儀《りちぎ》に行動をするのか、意味が分かってきたというのが、確かなことだった。

現在でも、この状況で取るべき行動に迷うことがある。そういうときには、他の全然関係のない人から意見を聞き、ネットや本で法律や規則などを学び行動をするようになってから、一段と社会の構造がよく見えてきて、取るべき行動が分かってきた。

ボクの行動の根底にあるものは、ロジックだといってもいい。発達障害の当事者の人に説明するときにも、本人の理解に合わせた理解の仕方でロジックを組み立てて、伝えるようにしている。自分本位に話すことはない。

今のボクが思うこと

定型発達の人は、自動で目が合います。また、マルチタスクをほぼ意識せずに行えます。そういう行動を見てみて、ボクは、脳の構造が違うんだなといつも再認識しています。ボクは模倣《もほう》から全《すべ》てを学び、理屈《りくつ》は、あとから学びました。そう、全てが手動でした。他のみんなは自動で動く。それにいつも感動します。

支援者側からすると、発達障害者のエピソードを一人ひとりかき集めることで、定型発達の人と全《まった》く違う存在であることを認識できるようになります。この認識の延長が、多様性につながっていくのではないかと考えています。「みんな違って、みんながずるいと思う」という不均衡《ふきんこう》な社会から、「みんな違うことで、みんなが認め合える」という対等な立場で接することができる社会に、双方が近づいていけるようにと思っています。

そのためにボクは言い続けます。「発達障害特有《とくゆう》の世界があるんだ」と。発達障害を通して、多様な社会にしていくための問題提起をしているんだと考えています。

療育《りょういく》を通して、会話がへたくそだったボクが、会話をできるようになるまで

大学に通っていた頃、発達障害児をもつ親の会や、そのほかの療育の実習などにも入らせていただいていたが、ボクは発達障害の子どもの保護者の方と何を話したらよいのか全《まった》く分からなかった。そのため、ずっと沈黙《ちんもく》していたことを覚えている。

話したい気持ちはあるものの、何を話せばよいのか分からない。大学院の実習や演習、本を通じて、何の話をしたらよいのか必死で探した。そのような基礎的な部分はできていて当たり前というスタンスで心理学の本も書かれているため、誰《だれ》にも聞けなかった。

ボク自身、保護者の方と一緒《いっしょ》に話すことができるようになっていったのは、仕事をしたときに同僚の保育士さんが、「難波《なんば》さん、そんなんじゃダメです。保護者の方と関係をつくるためには、まずは雑談《ざつだん》をいっぱいしたほうがいいよ」と言われてから。それだけだと、どうすればよいのか分からなかったので、ひたすらその保育士さんが保護者の対応をしているところをずっと横目で見て、話しかけ方や話す内容、話の進め方をコピーしたことが始まりだったと思う。

いつもボクが社会スキルを学ぶときは、模倣《もほう》から入る。誰かの行動を逐一《ちくいち》見て行動をコ

ピーして、自分がするときに同じように再現してみる。全《すべ》てパターンの世界でボクは生きている。今でもカウンセリングをするときの最初の言葉は決まっている。「お変わりはないですか?」と。

その他の言葉を発することもあるけど、それはほとんど天気の話。それもある種のパターン。これを知ってから、ボクの療育やカウンセリングを受けても、笑わないでほしい。

報告ができるようになるまで

「難波《なんば》君、大丈夫?」「難波君、それってどういうこと?」と何度も聞かれたことがある。これは学校時代から社会人になってからも続いていた。実際にあった出来事《できごと》、業務の内容など、頭の中でイメージはあるのだが、言葉にすると、話がどうしても前後してしまうことが多かった。

また問い詰められると「はい」と答える癖《くせ》があり、それをごまかそうとつじつまが合うように言葉を探すが見つからない。記憶もだんだんあやふやになってきてしまい、正確に出来事を報告することができなかった。何度もやろうと思っているのだが、それもできない。

ではどうしたか。話す前に自分の考えを箇条書《かじょうが》きにして、伝えることリストを作った。ボクは、メモを箇条書きにせず文章にして話そうと決めておくと、言葉にとらわれすぎたり、別の言葉を思いついたときに、文章を変更したくなる衝動に駆られるため、簡単に変更しやすいように、リスト化して一度声に出して練習をするようにした。

何度も何度も練習をしたが、何年か経ったあとにも、メモなしに頭の中で整えられるようになったわけではなかった。大きく影響したと思われるのは、ストラテラ（アトモキセチン）の効果があったこと。それは頭の中にお手伝いさんが一人増えたと思ってもいいぐらい、言葉が順序よく整理しやすくなった。

もう一つは、ボク自身の診断《しんだん》を相手に伝えて、プレッシャーがかかりにくく、温かい目で待ってくれるようにお願いをしたこと。この2点があったおかげで、今はメモを見ながら何の話をしないといけないのか、的確に伝えられるようになった。

現在は、パワーポイントを使いながらであれば、講演がスムーズにできるようにもなっている。視覚的な支援は何歳になっても有効だし、ボクにとっては一生、欠かせないものだ。

目で見ることよりも、耳で聞くスキルを高める

話をするときに、人の顔を見て相手の表情を理解することについて。座っていると、相手の表情はぎりぎり見ることができるが、ボクが立った状態や動いている状態になると、相手の顔をどうしても見ることができない。注意が散ってしまい、その人のほうを見ることが難しくなる。座っている状態であっても、相手の表情から気持ちや考えを推測することも、ボクにとっては負担《ふたん》になることがある。

何度も相手の顔を見て表情を汲《く》み取ろうとしたけれども、どうしても相手の顔の動きが気になってしまって、相手の言っている内容が分からなくなる。簡単に言うと、「指示が吹っ飛ぶ」という現象が起こってしまう。また、相手の目が怖くなってしまって、無理やり表情を確認しようとすると、逆に萎縮《いしゅく》して見られなくなってしまうことがあった。

そもそも相手の顔を見られないボクが、どうしたか。まずは、一般の人がどのようなときに相手の目を見るのか、一般の人が話し合っている場面に居合わすことがあったため、じっと二人の会話を観察することにした。そこで分かったことは、一般の人は、ずっと相手の顔を見てはいないということ。それがとても衝撃的だった。

一般の人はどうしていたか。自分の話をしているときには、手元を見ていたり、宙を見ていたりしている。また、相手の話を聞いているときにも、斜め上を見て考えていたりしていた。

でも、目を合わせるときのタイミングというものがあったのだ。それは、自分の話が終わったあとに、相手が頷《うなず》いているのか、目をそらして納得《なっとく》していないのか、首をかしげて理解していないのかなどの反応をうかがうときに、相手の目を見ることが分かった。要するに、「〇〇ですよね?」と言った瞬間に相手を見ていることが大半だった。他にも相手が話し始めたときに、相手の顔を見て、怒っているのか、悲しんでいるのか、感情の度合いを調べるために、目を合わせることがあり、ボクにとっては非常《ひじょう》に新鮮だった。

簡単に言うと、「自分が伝えたことが伝わったのかどうかを確認するために表情を見ること」「相手の話し始めに、相手の表情を見て怒られるのか褒《ほ》められるのか確認していること」が分かった。また、そのつど相手の表情を見て、相手がどういう状態なのか確認しているようだった。

コミュニケーションの一側面として、相手の目を見ることの観察をしてみた結果であり、他にもいろいろな場面で表情を見ることが大切な場合がある。今回のことだけではないが、一つの場合として、ボクは興味深《きょうみ》く理解している。

そこでボクは、さらにどうしたか。相手の顔を見て表情を確認することを〈やめた〉。理《り》屈《くつ》は分かったけれども、ボク自身でスキルを運用することは、頭がオーバーヒートしてしまうため、やめることにした。簡単に言えば「相手の声から相手の心情を汲《く》み取ることに徹《てっ》した」ということ。これも当事者界隈《かいわい》ではよくあることであり、苦手なスキルで勝負するのではなく、話を耳で聞くことを重視するほうが、ボクにとってはやりやすかったということだった。

そこからは、ボクには障害があることを相手に伝えたうえで、配慮《はいりょ》をもらうようにした。全《すべ》てを一人で行うことは難しい、また全てを自分自身でできるようになるまでに、ボクの人生が終わってしまう可能性があったから。

指示が聞き取れないこと（聴覚劣位《ちょうかくれつい》）への対策

ボクは基本的に、耳で聞き取った情報を整理することが難しい。そもそも覚えておくことも難しい。特に段取りに関してと、日付などの数字は、何千回聞き取って覚えようとしても、頭の中のハードディスクが動きにくい状態だった。

ではどうしたか。聞いたことをそのまま文章で書くことはできないが、聞き取った内容をイメージして図にすることはかろうじてできる、と気づいた。聞き取ったことも、箇条《かじょう》書《が》きであれば書き出すことができた。そのスキルを上手《うま》く転用することにした。

発達障害の当事者の人と言葉で会話をするときや、仕事の取引先の人と話をするときに、メモ用紙を持っておく。ただ実際に、聞き取った内容をうまく箇条書きにしたり、図にして覚えることならできるようになるまでには、10年の期間が必要だった。

書き出す際に、長々と文章を聞き取ろうとして失敗したこともあったし、聞き取った内容をあとで書き出そうとしたときにも忘れてしまったり、何度も何度も苦戦をしつつ、指示を聞き取ってその場で書く練習をしていた。

このメモをするスキルには、大切なことがある。「すみません、ちょっと待ってください、書いてもいいですか?」と聞いたり、「メモしたほうが分かりやすいので」と断《ことわ》りを入れたり、「もう少し具体的に教えていただいてもよいですか」と相手に前もって聞くようにすると、メモを取りやすいということが分かった。ただし、対人関係が悪化している状態だとこのスキルは、さらなる関係の悪化をまねく場合もある。その点をいつも気にしつつ、スキルの発動をしている。

そして聞《き》き逃《のが》しやミスは少しずつ減っていった。1日3回だったのが、2回や1回というように、対策を練《ね》っていれば徐々《じょじょ》に減っていく。全《すべ》てが一気に解決しないのだが、このやり方が合っているのかどうか確認していくことは、ボクにとって必要だった。

聴覚過敏《ちょうかくかびん》への対策

大きな音やピアノなどの楽器の不協和音《ふきょうわおん》、人のザワザワした声なども、ボクにとっては苦痛に感じられる。特に二次障害になってから、音に対して精神的な不調をきたすことが多くなった。最近では、コピー機の待機《たいき》している音でも集中力を欠くことが多くなっていて困ったと思っていた。

今は職場のほうには、ノイズキャンセリングのヘッドフォンを業務中に使わせていただいている。これを使うと、人との会話の声は少し軽減されるが、生活音や雑音などは大幅にカットできる。性能は機種によって違うため、どこのメーカーがよいかをここでは書かないが、家電量販店で置いてあるものを試聴させてもらえるのなら、一度は試してみてもらいたい。

でもヘッドフォンなので、職場の人に最初に見せたときにはびっくりされた。それはそうだなと。そのため、一人ひとりの職場の人の理解を得るために、ほぼ全員に、実際に性能を確かめてもらい、必要性を伝え、使用を理解してもらっていった。今現在は、仕事中で集中を要する場面に関しては、ヘッドフォンをつけさせていただいている。どうしても具合が悪くなり、仕事のパフォーマンスが悪くなるよりは、作業効率を上げて周りに迷惑《めいわく》をかけないのであれば、そういうやり方を受け入れてもらえる職場が増えていってほしいと感じる。

今のボクが思うこと

2016(平成28)年4月に施行された障害者差別解消法でも改正障害者雇用促進法でも、合理的配慮《ごうりてきはいりょ》の提供が文言《もんごん》として含まれていますが、外見からはなかなか判断しづらい発達障害に関しては、職場の理解や配慮を得ることは簡単ではないと思います。

実際には、ボクは試行錯誤《しこうさくご》し失敗も多くしています。別になまけているわけではないのにそう思われたり、生きづらさを抱えていることをもっと知ってほしいと思いますが、相互に理解を深めていくためには、支援者の力を借りたり、自分で作戦を練《ね》ったり、いろいろな手を使って、発達障害当事者自身の特性を知ってもらうための啓発《けいはつ》の必要性も感じています。全《すべ》てがうまくいくわけではないものの、でもチャレンジなしに、損だけはしたくないというのが、ボクの考えです。その代わりパニックにもなりますが。

◎不注意・衝動性の対策

紙に書いてあるものを確認する

スマホやパソコンの画面で確認をすると、どうしても間違《まちが》ってしまう。またボクがよく表現をしているのが、〈目が滑《すべ》る〉という感覚。どうしても細部に注意が向かず、いろいろなアイコンやディスプレイの反射に気が取られてしまい、間違いに気づくことができない。

大変申し訳ないことを断《ことわ》ったうえで、紙に印刷させてもらい、確認をする。そのときに、紙にペンを当てて、文章を一字ずつ確認するか、時間があるときには実際に読んで確認すると間違いを発見することができるということに、働き始めて10年経ってから気がついた。

もっと早くに気づけよって思うかもしれないが、自分自身が普通と感じている以上、どうすればよいのか気がつかずにがむしゃらにやるしかなかったという言い訳をしてみる。

やることリストを紙に書き入れる

ボクは、紙を破って捨てることが好きだった。紙をぐしゃぐしゃにすることも好きだった。でも職場でそれをいきなりやっては、怒られる可能性が高い。

どうしたか。ボクは、Ａ４版の紙を四等分した裏紙を、やることリストに使っている。スマホのリマインダー機能も使ってみたが、リマインダーを開いてこなすことに、なんにも面白みを感じられなかった。ボクにとっては、やることリストに箇条《かじょう》書《が》きで書き、１つずつやることを終わらせるたびに、黒のボールペンで塗りつぶす。全《すべ》て終わると破いて捨てる。この２つの感覚が快感にあたるということが分かった。

だが１つ問題はあった。やることを書かなくなったことが一時期あった。それは、やることリストをいつ書けばよいのか不明確であったこと、やることが多すぎて終わらなかったことが要因だった。どうして定着しなかったのかは、自分で振り返るようにしているが、ボク自身が駄目だからという結論にせず、ただ「おもろなかったから」「つまらんやり方やったから」と良いぐらいに言い訳をするようにしている（しかし、人を責めないようにすることがポイント、自分自身の問題であるため）。

そのため、変更をした。仕事を開始する前に、やることを書くようにすること。書いたらやることを確認するまでは忘れてもよいことにした。もう1つの対策としては、仕事を開始する前に、前日やり残したやることリストを新しいリストに書き換えて、古いやることリストは破って捨てると、めちゃくちゃ快感だった。その2つのやり方で、なんとか今も7年程度は定着している。

短期記憶への対策

ボクは衝動的に動いてしまうことがあるため、歩いているときに口答で何かを伝えられると、なかなか覚えておくことができなかった。そもそも相手の話を聞き取ることも難しいのに、立ち話で話された内容なんて覚えておくことができない。そこに日程などの数字が混じると、さらにハードレベルになる。またその人に確認しようとして怒られることが分かると、もうそれは地獄に変わる。かなり笑えない。

このことに関しては、合理的配慮《ごうりてきはいりょ》をお願いしている。用件に関しては、付箋《ふせん》でもらうようにするか、メモをデスクの上に置いてもらうか、メールで送ってもらうか、状況に合わせて使い分けてお願いしている。配慮の要請《ようせい》に関しては、「自分でも極力《きょくりょく》、書くようにしますので、もしも用件があって書いてもらえるのであれば、ボクのミスは少なくなりますし、お互いイライラする頻度《ひんど》も減りますし、いかがでしょうか」と丁寧《ていねい》に説明するようにしている。障害があることを理由に話をすると、理解してもらえるときと、難しいときがあるので、最初はこのように特性面で説明をすることが多い。

自己《じこ》努力では限界があるので、どうしても無理で支障《ししょう》があるときには、どうすればお互いが生きやすくなるかを中心に考えていくようにしている。もちろん全《すべ》てがwin-win《ウィンウィン》になるわけではないが、工夫し続けている。

車の運転対策

ここでも述べておくが、ボクは抗精神病薬《こうせいしんびょうやく》や漢方薬《かんぽうやく》を取り扱っている会社と関係があるわけではないし、薬推進派の人間でもないことを申し添えておきたい。そのうえで、ボクは、向精神薬《こうせいしんやく》を飲んでいる。SSRI（選択的セロトニン再取り込み阻害薬《そがいやく》）、睡眠薬《すいみんやく》、漢方薬、そして、アトモキセチン（商品名はストラテラ）を毎日服用している。

特にストラテラを飲み始めた経緯《けいい》としては、診断《しんだん》が下りる前から、運転が危なかったからだ。車の運転中にふと注意が逸《そ》れてしまったり、いろんなところに車をぶつけてしまったりということが、半年に1回程度あった。つまり年に1回から2回はあった。それぐらい注意を運転に向かわせることが難しかった。いろいろな建物に気を取られたり、歩行者に注意を向けていたら前方がおろそかになったり、視野がとにかく狭《せま》かった。

発達障害の診断とうつ病で休職中にも車を運転していた。そうしないと病院への通院すら難しかったからだ。運転に関しては主治医と相談し、運転をしてもよいが、気をつけるようには指示を受けていた。うつ病の状態が安定してきた頃から、今までの半生を振り返ったときに、「今度こそ、不注意で交通事故で死ぬかもしれない」と自分自身で思うようになり、医師にその旨《むね》を伝え、指示を受けながらストラテラを飲むことになった。

車をぶつけることは、ストラテラを飲み出してから、なくなった。全《まった》くもって運転中に気が逸れることもなく、集中することができるようになった。そのことについては、生死がかかっているので、本当に助かっている。

その後、車の運転で変則的な事態に陥《おちい》ると急に怒り出すことがあったため、漢方薬の調整を行い、やっとノーマルな気持ちで運転ができるようになって嬉しく思っていたが、実はそれには弊害《へいがい》もあった。あまりに慎重に運転をしていたため、速度が遅くなってしまい、後ろから煽《あお》られたり、追い越しざまに怒鳴られたりして、精神的な具合が悪くなることが多くなってしまった。そうしたときから、車の後ろにマグネットシートの「ヘルプマーク」を付けるようにした。見えない障害をもつ人がいることを外に知らせるためのマークであり、それからは煽られることも少なくなった。

自分の障害の特性で他人に迷惑《めいわく》をかけることは、もう二度と、したくなかったから。服用はしてみてよかったと思っている。ただ毎日飲む習慣をつけるのは、本当に苦行《くぎょう》だった。もしも飲み忘れると大変なことになるから。

片づけとラーメン

片づけはいつも億劫《おっくう》だ。それは、物と物との境界線が上手《うま》く頭の中で引けず、部屋に置いてあるものが、油絵の風景みたいに見えるから。そうしているうちに手に持ったものを持ち続けて、数十分うろうろすることも頻繁《ひんぱん》にあった。部屋が騒然《そうぜん》としていて片づけたいが、片づけられない苦しみを知ってもらいたい。本当にボク自身、頭の中が取っ散らかっているのに、部屋の中まで片づけないといけないのは絶望である。

ではどうしたか。ゴミ袋を持ってまずは部屋をウロウロすることから始めた。注意が散って、別のものを片づけだしたりしてもよいルールにしている。だがゴミ袋は近くに置いておき、別のこともする。また袋を持って歩く。そうしながら、ゴミを捨てるだけにする。その後に、机《つくえ》の上だけ片づけようなど、区画を区切って片づけるようにする。

別の場所に移動させることだけでもＯＫにしている。1個ずつ、自分の手に持ったものをしまう、その繰り返しの数珠《じゅず》つなぎにしている。ゴミ集めと片づけが1時間から3時間ぐらいで、適当に自分のペースで片づける。

ブラブラ部屋を散策するように、最低3時間ぐらいで片づけたら、それ以上はしないようにして、外出する。いつも、大好きなラーメンを食べに行くことにしている。自分に対して苦手な片づけをしたお祝いをする。それを楽しみに片づけをするようにしている。

◎自己《じこ》努力もしつつ他者援助に頼る

手助けと自己努力

今は、障害を開示《かいじ》して働いている。家庭でも、発達障害のパートナーと一緒《いっしょ》に同居している。そこでいつも考えるのは、手助けを受けることと自己努力は、50％・50％の配分でこなすのがちょうどよい、ということ。

ボクも発達障害の診断《しんだん》が下りたあとに、「職場で整理ができません」「報告がストレスでできません」と伝えようかと思った。そういうふうに援助ばかりを求めていて、それが障害者の権利だとも思っていた。

でもそれは、間違《まちが》っていた。簡単に言えば、相手に負担《ふたん》を強《し》いるだけだったからだ。そりゃ周りに迷惑《めいわく》をかけるだけの存在というのは、周りもつらいが自分自身もつらい。針のむしろだから。

しかし、発達障害を開示して、いろいろな人と話をしながら生活や仕事をする中で、ちょうどよいラインが分かってきた。自分でも努力をすることが5割で、周りからここだけはお願いするところも5割ぐらいなのが、仕事も家庭も過ごしやすい。手伝ってもらったぶん、こちらも頑張ってみる、失敗してもいいのでチャレンジするということが、どうやら定型発達の人の社会では必須《ひっす》だということが分かった。

自分や周りがしんどい思いをしているときには、どちらかに配分が偏《かたよ》りすぎている。そう気づいたときが、自分が変わって、成長していく瞬間だと思う。これだけは、人から言われるよりも、自分で感覚をつかんでいくほうが近道だっていうことも、改めて大切だと思っている。

パートナーとボク

ボクのパートナーも発達障害だ。今は、ボクとしては2回目の結婚生活をしているが、パートナーにはパートナーの人生があることを心がけている。障害があるから共に助け合いながら、支え合いながら生きていくという綺麗《きれい》ごとを常日頃《つねひごろ》から言っているが、日常は波乱万丈《はらんばんじょう》だ。

パートナーは、発達障害の中でもアスペルガー症候群《しょうこうぐん》（現在は自閉《じへい》スペクトラム症）の診断《しんだん》がある。普段は、非常《ひじょう》に無表情で何を考えているのか分からない。似ているといえば、ヒョウモントカゲモドキに似ているかもしれない。

パートナーは、大好きなもの（スマホやゲーム、きらきらしたもの）には非常に興味《きょうみ》があるが、人にはあまり関心がない。また、片づけが全《まった》くできない。整理整頓《せいとん》なんてもってのほか。ボクが必死で片づけているのを、いつもジーッと観察しているぐらい。片づけることには興味があるが、実際どう片づければよいのか分からないため、綺麗《きれい》になっていく部屋をいつも楽しみにしているという変わった生き物だ。

そういうパートナーと、当初は非常にケンカばかりした。そうしたときには、いつもパートナーは隣室《りんしつ》に聞こえんばかりに発狂《はっきょう》した。ついでに昔の記憶もフラッシュバックして、さらに発狂したりする。それも一日何時間も。泣き疲れて眠り込んでしまうということも何度となくあった。

ではどういうふうにしたか。お互いの得意なことで、家庭の中のできるところをしていく。苦手なことは、支援に頼って少しずつできるようにすることを目標にした。お互いに障害があるからではなく、どうすればよいのか話し合うようにしたが、それだけで解決できるほど発達障害者同士の生活は甘くはなかった。

発狂を繰り返しボクもごめんなさいと謝り続ける日々を抜け出した一番のポイントは、お互いに支援者をつけて、一緒《いっしょ》には住んでいるけれども、外の支援者にしっかり相談できる体制をつくったことが大きかったと思う。ボクはボクの支援者や病院の医師に相談し、パートナーはパートナーの相談支援専門員やヘルパーさんや病院の医師に相談するというように、家庭での不満や解決すべきことを外に相談できるようになった頃から、二人の生活は劇的に落ち着いた。

そういう経緯《けいい》がありつつも、日々問題は起こるわけで、いろいろな支援者に相談して支えてもらいながら生きている。

忘れ物対策（自己受容《じこじゅよう》編）

ラーメン屋から出てきたときに、何か気配《けはい》がすると思ったら、ラーメン屋の人がボクのメガネを持っていた。自分のメガネを目にして、ようやく忘れたことに気がつく。

こういうこともある。車から降りて駐車場から玄関に帰ってきたときに、玄関の鍵《かぎ》が見当たらない。さては100メートル先の車の中に忘れたかもしれないと戻ったが、車の中に鍵はない。また家までトボトボ歩いて戻りポケットに手を突っ込んだら、鍵の感触が。また、車で数十分走ったあとに、家に携帯を忘れる。鍵を忘れる。大切な書類を忘れる。そんなことが多々あった。

朝、出勤直前になってからメガネを探して家の中を半分泣きながら、探し回ることも少なくない。

障害があるからといって、人に迷惑《めいわく》をかけてもよいかというとそういうわけではないが、周りよりもボク自身が一番ショッキングな状況になる。こういうことに1つずつ対策を練《ね》っていくことも必要だ。

まずボクがしたことは、全《まった》く違うことだった。忘れたこと＝失敗→天地がひっくり返るほどパニックになるということ、これを解決しなければ何もならない。しかも失敗したことについて、あとから思い出そうとしても、心が邪魔《じゃま》して上手《うま》く思い出せない。忘れ物を失敗として認識することがどんなにつらいことか、周りの人は分からないかもしれない。たとえて言うならば、毎日隕石《いんせき》が地球に落下するような感覚。人生が終わってしまったかのようなパニックになる。

そういう状況を落ち着いて受け入れるために、ネットサーフィンをしたりしながら心が静まるまで待ち、待ってから振り返る前に、頑張って振り返ることによるご褒美《ほうび》を決めて、思い出すようにしている。忘れ物をしたことばかりにとらわれるのではなく、解決する前に自分の状況を正確に振り返られるようにしていくことを優先している。

忘れ物対策（他者援助編）

自分でもいろいろと工夫はしているが、それでも不意の情報はどんどん忘れてしまう。視覚情報の継次処理《けいじしょり》（一つひとつ順番に処理していくこと）も惨憺《さんたん》たるものであるし、視覚処理のワーキングメモリー（必要な情報を一時的に記憶して処理する機能）もメモリがない状態なので、一人で全《すべ》てを解決しようとすると、多分200歳は超えてからでないと難しいのではないかと考えたため、新たな対策を練《ね》ることにした。

家から出るときに、一人でメガネやイヤマフや財布《さいふ》など、いつも何かを探してしまう。「ない、ない、ない」とブツブツ言いつつ、そして癇癪《かんしゃく》のパニックになりながらも探す。周りの人にも当たり散らすことがあったが、最近では発達障害をもつパートナーに「ごめんけど、メガネどこいったのかな」と聞くようにしている。

パートナーは、視覚優位《ゆうい》で写真記憶（目にしたものを写真のように覚えていられること）の特性があるので、物の位置を記憶している。本人が見たものであれば、最近の物の配置なども覚えているため、パートナーに聞いたほうが早かった。ボクが困っているときはいつも、パートナーは「布団《ふとん》の横のところに昨日置いていたよ」「机《つくえ》の上にある記憶がある」と言ってくれる。人には興味《きょうみ》や関心がない彼女だが、物への執着《しゅうちゃく》があることから記憶ができるという頼もしいスペックがあって、ボクは非常《ひじょう》に助かっている。

しかしながら、パートナーに頼ってばかりだと、相手もイヤになるときがあるため、大好きなお菓子を差し上げることを約束しながら、それぞれがギブアンドテイクになるように心がけている。

仕事場のキーパーソン

仕事場でもキーパーソンが存在する。家庭だけで解決すれば落ち着いた日常が送れるかと思っていたが、そういうわけではない。仕事場では、仕事場の相談事を気軽に話せる人をつくるようにしている。

ボクは個人事業主（フリーランス）として働いているが、もちろん、いろいろな会社や事業所にデスクがあったりする。仕事の内容もそれぞれで、発達障害の子どもをトレーニングする療育《りょういく》的な立場で働いていたり、別の仕事では障害をもつ大人の人の相談やカウンセリングをする事業所に行っていたり、はたまた施設の改革をするために外部からアドバイザーに入って障害がある人への支援方法や配慮《はいりょ》方法を指導する役割をしていたりする。本当にさまざまなところで働いているが、基本的にどの場所でも、自分の仕事を理解してくれるキーパーソンをつくっている。

キーパーソンの役割でボクが一番重要視しているのは、相談や指示を特定の人からしてもらうこと。ボクの発達障害の特性上、いろいろな人から複数の指示を出されると混乱することがある。何をしてよいのか、何が正しいのか分からなくなってしまう。ボクに伝える人が変わって伝える内容が少し違ったりするだけで、大混乱してしまい、意図《いと》どおりの仕事ができなくなってしまうことがある。

例えば、「難波《なんば》さん、仕事大丈夫？　詰め込みすぎていない？」という人と、「難波さん、今のままで大丈夫なんじゃない？」と2つのアドバイスがあるだけで、どちらが本当のことなのか分からなくなってしまい、精神的に具合が悪くなり、つらいことしか考えられなくなって、ミスを繰り返してしまう状態につながる。指示系統が統一されるだけで、非常にボクは理解しやすくなるので、助かっている。

仕事を切り分けしたほうが楽

複数通っている仕事場で、どこでも意識しているのは、〈仕事の切り分け〉。簡単に言うと仕事内容を細かく分解して、複数同時並行でしなければならない仕事を、マルチタスクからシングルタスクにするようにしている。

人と一緒《いっしょ》に仕事をしているが、基本は一人仕事になっていることがポイント。働き始めてから誰《だれ》かと共同して仕事をすることで、トラブルが非常《ひじょう》にたくさん出てきた。それで不適応になったため、仕事をシンプルにした。

もちろん仕事の進捗《しんちょく》は、上司（キーパーソン）に絶対に報告をするということが条件にはなる。出勤↓予定の確認↓パソコンで前回の報告書を作成↓仕事の準備↓カウンセリング↓片づけ↓退勤という流れは、基本的にどの職場でもほぼ一定にしている（多少順序は異なるが）。

発達障害のボク的にミスが少なくなったのは、上司（キーパーソン）の人と一緒に二重チェックをすることと、準備をする時間を他の人より多めに取ることで、乗り切れるところが多い。

また、出勤してからすぐに全力で仕事をするのではなく、出勤するだけで疲れきってしまうこともあるので、少し休憩《きゅうけい》をさせてもらうこともある。そういう少しずつの隙間《すきま》の時間を許してもらうことで、シングルタスクの数珠《じゅず》つなぎで、精神疾患《しっかん》（うつ病）とかがあってもなんとか働いていけている。

それを診断直後から7年ぐらい続けているうちに、1つの気持ちが湧《わ》き起こった。

「寂しい、ひとりやん」って思うようになった。

それは何が原因かと言うと、仕事を切り分けていって一人仕事にしすぎたせいで、他の人とコミュニケーションを取る機会が減ってしまったこと。最近は、仕事はまぁまぁできるが、少し寂しさも出てきたので、少しずついろんな人と関わりをもとうという気持ちが出てきた。

生きやすさへつなげるためには、長い道のりがあるなと再認識したのだった。

今のボクが思うこと

ボクはどの場面においても、「合理的配慮《ごうりてきはいりょ》とは、言い換えれば丁寧《ていねい》なお手伝いちゃうかな」と伝えています。難しいことや困難なことがあったときに、人は、お手伝いをしてもらうことがあると思います。そういうお手伝いの「障害をもつ人版」だと思っています（このお手伝いについては、人から直接何かしてもらうだけではなく、例えば、文章にルビを振ってもらったり、車椅子《くるまいす》が入りやすいように少し会社や施設に手を加えたりするなどの、ハード面のことも含まれます）。なので、お互いに無茶な要望があった場合には、お手伝いがもらえないことだってあります。

合理的な配慮をもらうことは、障害者にとっては当然だと思う方もいらっしゃるかもしれないですが、〈丁寧なお手伝い〉という言葉に代えてみたらどうでしょうか。お手伝いといえば、少し双方が歩み寄れるようになるのではないかとボク自身は考えます。決して紛争《ふんそう》をするための武器ではなく、お互いに話し合いながら解決の糸口を探っていくために、言葉自体の少し堅苦しいハードルを下げる意味でも、〈丁寧なお手伝い〉というぐらいがよいのではないかと考えています。

お互いがwin-win《ウィンウィン》な状態になるための〈丁寧なお手伝い〉という考え方が、広がっていくことを願っています。

◎この章のまとめ

ここまで、生きやすくなるためにボクが頑張ってきたことを書き連ねてきた。本当は、毎日毎日工夫と改善をしつつ、それでもなお、発達障害の特性で失敗やパニックになれば、ボクだって凹《へこ》む。大いに凹む。自分の車で宍道湖《しんじこ》（島根県）に突っ込みたくなるときだってあるし、穴を掘り続けてマグマに焼かれて死にたくなるぐらいのパニックになることだってある。

パニックやつらい経験をしてまで、なぜ生きやすさを求めるのか？

『それは、生きやすさの先にもっとオモロイ世界が、ボクが見たこともない感動が、待っているんちゃうかって、ボクは思うわけです。生死の境《さかい》を生きたボクにとって、生きることが全《すべ》てで、生きた先にオモロイ世界を見るために、ボク自身が納得《なっとく》できる人生を歩むために、まだまだ生きやすさを探求し続けている』

『もうボクみたいに、ひとりぼっちで死のうと思う人がいなくなることを願っている』

『全ては、生きやすさからオモロイ世界のために』

第4章

あなたへの手紙

――全ては当事者のために

ボクは手紙を書きたいと思う。当事者にとって、支援者にとって、家族にとって、いろいろな発達障害の人がいるように、さまざまな人がそれぞれに困っていることの一筋《ひとすじ》の光になるように。

一つだけ述べておく。これ以降の文章では、「ボク」という表現を使わない。理由としては、支援者や家族、当事者が、困っていたりつらい思いをしていたりする当事者に声をかけてあげることを想定しているから。また、発達障害当事者が自分自身に送るメッセージでもあってほしいから。そのため、「私」と表現を変えている。身近《みぢか》な人から、当事者にぜひ言葉を届けてほしい。

「ボク」は信者を集めたいわけではない。この手紙は、日本のどこへでも言葉を届けることができる、そのためのツールだと思っている。このメッセージを受け取ったあとに、当事者やその周りの人たちが一緒《いっしょ》になって考え、話し合えるようになってほしいと思って、つくっている。全《すべ》ては当事者のために。

◎パニックの世界にいるあなたへ

言葉を話せないあなたへ

あなたは、よく知っている。ぴょんぴょん跳ねたり、ぐるぐる回っているけれども、あなたはよく周りを見ているよね。そして近づいてくる大人が『私にとって大好きな人か、私にとって脅威《きょうい》になる人か』よく考えているよね。だって、いやな人には近づかないから。ただ、言葉よりも大切なものをあなたは大事にしているんだよね。

あなたは話すことができるんだよ、あきらめなくていいんだよ、ゆっくり私とあなたとで、声を出す練習をしていこう。私は言うよ。「あなたの声が聞きたいんだ」

そして伝える方法は必ずあるんだ。

好きなことでパニックになるあなたへ

あなたのパニックがつらいのは、あなたが一番よく分かっていると思う。天地がひっくり返るぐらいつらいことだよね。やりたいことがあって、切り替えられないんだよね。パニックがないことが一番だけど、パニックはあなたの強みでもあるんだ。パニックになるほど、好きなものなんだよね。

私と一緒《いっしょ》に考えていこう。いつ、どこで、パニックになるのか一緒に調べていこう。どうしたらその過集中《かしゅうちゅう》の世界から離れられるか作戦を練《ね》ろう。

そして、パニックにならなかったら、〈お祝い〉をしよう。

要求が通らなくてパニックになるあなたへ

まず、はじめに言っておく。

「ごめん」

あなたのそのお願いは、通すことができないんだ。

あなたが、パニックになったときに、要求が通るものだと期待しちゃうから。

「だからごめん、ごめんなさい」

次から、パニックになる前に、どうするか相談しよう。

紙に書いたり、約束するから大丈夫。

だから、ごめんね。私も心が痛いけど。あなたもつらいよね。

『お花畑パニック』になってしまうあなたへ

あなたは、笑ってしまって、いたずらが止まらなくなってしまうことはない？ ずっと笑って、テンションが上がって、自分では下げられないよね。

最後には、周りの人に怒られてしまって、悲しく泣いてしまったり落ち込んだりするよね。

それは、あなたが悪いわけではないんだ。

それは、パニックなんだよ。私は『お花畑パニック』って言っているんだ。

いたずらは止められないし、何度止められてもやりたくてしかたがないし、どうすることもできなくなってしまうので、パニックって言っているんだ。

じゃあ、私と一緒《いっしょ》にテンションが上がったときに、場所を変える練習をしよう。

うるさくて、気持ちが上がってしまう場所から、一緒に手をつないで離れてみよう。

少し別の場所にいけば、気持ちが切り替わることが多いから。

一緒にやっていこう。

気持ちが切り替えられないあなたへ

したいことを急に止められると、天地がひっくり返って、世界が怒りや悲しみに変わってしまうあなたへ。周りの人は、〈思いどおりにいかなくてパニックになる〉とすごく困っているみたいだけど。

一番つらいのは、あなただよね。怒りがおさまらないのも、悲しみをおさえきれないのも、あなたなんだよね。

あなたがパニックになっているとき、周りが困っているとつらいよね。呆《あき》れられても、つらいよね。

私は、あなたが切り替えられるまで、ゆっくり待つことにするよ。次の予定もあったけども、あなたのつらさに比べれば、どうでもいい。
ゆっくり待つさ。あなたが落ち着くまで。ゆっくりね。対策は、あとでいいんだ。

◎見通しのなさと不安の世界にいるあなたへ

一度目にしたものを、よく覚えているあなたへ

よく覚えているよね。一回行った場所でも、そこにあなたが気になるものが、あったよね。確かにあったよね。

それが、突然ないと分かったときのあなたの心の苦痛は、計り知れないよね。

周りの人にとってはありふれたものでも、あなたにとっては宝物。

世界が変わっていくことが不安なんだよね。

じゃあ私が、たくさん写真をとってあげる。

あなたが大切にしている世界を、一生綺麗《きれい》に残して、いつでも見られるようにしておくから。

気持ちを伝えることが苦手なあなたへ

あなたは、自分の気持ちや考えを相手に伝えることが苦手かもしれないね。「なんでそういうことしたの?」「どうしてなの?」と周りから聞かれると、答えることが難しくなったりするときもあるよね。

あなたは、安心した人だったら少しは話せるかもしれないね。苦手な人だったり、怖いと感じる人には、伝えにくくなるのかもしれない。

でも少しずつなら気持ちを伝える方法があるんだよ。安心した環境から始めていこう。

まずは、私と一緒《いっしょ》に、一日何をしたのか確認していこうね。そこで何が楽しかったのか、普通だったのか、イヤだったのか、私が感情のイラストを書いておくから、一緒に選んでみよう。

一緒に気持ちを紡《つむ》いでみようね。伝えられるって嬉しさを共有していこう。

こだわりが強いあなたへ

あなたは、最初から最後まできっちりしていないと、いやな気持ちになるんだね。他にも確認しないと気がすまなくて、周りから「気にしすぎ」って言われているかもしれない。あなたが、今こだわっているのは、それが好きだからなのかな？　それとも、不安になるからやらないといけないって思えて、やらないと気がすまないのかな？

好きなら、どうすれば簡単に楽に終わるのか、私が手順書を書くから一緒《いっしょ》にやってみようよ。そうすれば、効率よく仕事や活動を進められるよ。一緒に相談しながら書こう。

もしも不安で、困っているのなら、お医者さんや支援者の人に相談してみよう。安心した場所で、どうすれば不安なく過ごせるのか一緒にみんなで考えていこう。

大丈夫。あなたが何より、不安やしんどいことから、解放されることを願っているから。

コミュニケーションが苦手だと思うあなたへ

あなたは、友達や職場の人と話し合ったり、人間関係を築《きず》いたりすることが、あまり好きではないかもしれない。周りからもっと上手に話せるように、やりとりができるようにと言われているかもしれない。

実はコミュニケーションって、いろいろあるんだ。話をすることもそうだし、聞くことだってそう。相手の顔を見ることだってそうだし、報告・連絡・相談だってあるんだ。

これを聞いて、全部は無理だって思うかもね。

私が言いたいことは、話をすることだけが全《すべ》てではないよ、聞くことだけが全てじゃないよ、ということ。相手の顔を見ることだって、報告・連絡・相談のひとつだって。そういうことがなくても安心できる人をまずは探すことから、私と始めよう。

あなたを大切にしてくれる人は、同級生の友達じゃないかもしれない、いつでも何でも話せる仲間ではないかもしれない。支援者かもしれないし、お医者さんかもしれない。必ず、あなたを大切にしてくれる人を探して、そこからコミュニケーションをスムーズにするようにしていこう。

あなたが、安心して話せる場所が見つけられるまで、私はあきらめないから。

目が合わせられないあなたへ

あなたは、話をするときや話を聞くときに、相手の目を見ることが苦痛と感じるかもしれないね。いろいろな人から、目を見なさいと言われてきたのかもね。それでいろいろと、今まで苦労をしてきたんだと思う。大変だったと思う。なぜ目を見ないといけないのか、疑問に思うことだってあるよね。

私と一緒《いっしょ》に楽しい話をしよう。あなたも好きなお話をたくさんしてもいいよ。一つずつのお話の最後は、一緒に笑った顔を見合いっこしよう。

私は、あなたが嬉しがっている顔を見たいんだ。あなたが私の笑った顔を見てくれるだけで幸せだから。

どうしても表情が読み取れないあなたへ

目が合わせられないあなたは、相手の顔を見ても、どういう気持ちなのか察《さっ》することが難しいかもしれない。

相手の顔を集中して見ていると、相手の話の内容が分からなくなってしまう場合だってあるんだよ。それで多くの当事者の人が悩んでいることだってある。

実は、一般の人は、いつも目を合わせているわけじゃないんだ。自分の話を聞いてくれるか確認するために相手の顔を見たりするんだ。そこだけのタイミングで見る方法もあるんだよ。

顔を見る意味は他にもあるけど、別の方法で、耳で相手の感情を聞き取ることもできるんだ。声のトーンで分かることだってあるんだよ。

私と一緒《いっしょ》に、どうすれば人の気持ちが分かるようになるのか、楽しく体験しながら探っていこうね。

表情を気にしすぎるあなたへ

人の目を見て話を聞くときに、相手の目をついつい見てしまう人もいるんだ。

また、不安になったときや迷ったときに相手の表情を見て、どうするか顔色をついつい見てしまう人もいるんだ。それはあなたかもしれない。

私はこう言うよ。あなたは相手の反応がないと不安になったりするんだね。そうじゃないかもしれないけれど。

自分のしたことの何が正解か分からなくて、相手に頼ってしまっているんだよね。

それは間違《まちが》いではない。

でも他にも方法はあるんだよ。相手の表情ばかり見ていても、答えが見つからないときがあるんだ。

そういうときには、自分ができるところのリストを箇条《かじょう》書《が》きで書いてみよう。私も手伝うからね。あなたができるところってたくさんあると思う。

他にも、相手の目は、話始めと話終わりだけ見るように練習をしていこう。相手もじっと見られると緊張するってこともあるんだから。

あなたが悪いわけではないってことを、練習を通じて私と一緒《いっしょ》につかんでいこうね。

周囲が気になって仕方がないあなたへ

周りの人が何を考えているのか、悩んでしまうことってあるよね。

自分のことがどう思われているのか、気になったことはあるかな？

自分のことで悪い噂《うわさ》が流れているんじゃないかって、思うことがあるかな？

本当にそんなことがあるかどうか分からないけど、心配に思うことがあるよね。

心配に思うことは、悪いことではないよ。

ただその考えが、あなたを苦しめていて、つらくなるのなら、私と一緒《いっしょ》に、事実の部分とそうじゃない部分を、一緒に分けっこしていこう。

思い込んでいるところだけ、私と一緒にどう対策を練《ね》っていくか作戦を立てていこう。

大丈夫。あなた自身が悪いわけではないよ。

あなたの考え方に注目して、どうしていくか考えていこう。

◎多動・不注意・衝動性の世界にいるあなたへ

聞いたことを忘れてしまうあなたへ

聞いたことを覚えられないってことがあるよね。人の話だったり、先生の授業だったり、興味《きょうみ》がないと余計《よけい》に聞く気が出てこないよね。

好きなことばかりちゃんと覚えているものだから、なまけていると思われるかもしれないけれども。これはあなたのせいじゃないんだよ。

聞いたことを忘れないためにも、自分で工夫する方法と人に頼る練習を私としていこう。

まずは、あなたが話したことをメモにして分かりやすく書くよ。それを徐々《じょじょ》にあなたもやってみるんだ。書いてメモする方法を身につけていこう。

あとはね。大人の人や周りの人に、何を伝えたいのか書いてもらえるようにお願いをしてみよう。配慮《はいりょ》を求めていくことも、生きる術《すべ》になるんだよ。

全《すべ》て自分で解決するんじゃなくて、自分が頑張ることは半分くらい、相手に頼むのも半分ぐらいで、お互いが楽になるようにしていくといいね。

忘れ物が多いあなたへ

あなたは、忘れ物をしたくて忘れているわけではないよね。だって怒られたりするのは、いやだったりするよね。ワザとじゃないんだよね。

あなたは「身体が勝手に動くみたいで、手から離れたら、物の記憶がなくなる」感じかもしれないね。

一緒《いっしょ》に確認する練習をしよう。一つひとつ片づけるものを渡すから、一緒に練習をしよう。誰《だれ》かに迷惑《めいわく》をかけてしまっているんだとしたら、一緒に謝る練習をしよう。

大人になってから練習してできる人もいる。だから、大丈夫。いつからでも始められる。

衝動的に動いてしまうあなたへ

思ったことをすぐにしてしまうあなたへ。周りから散々「よく考えて行動して」と言われていると思う。でも、あなたはよく考えたうえでの、その行動だったんだよね。小さい子だと、高いところに登ったり、回転する椅子《いす》に座って回ったり。大人の人なら、手足が自然と動いていたりすることが、普段からあるよね。

思いついたことをすぐにやらないと気がすまないから、どうやって待ったらいいのか、分からなくなるよね。あなたは自分で考えて行動している、これは事実だ。何も考えずに反射的にだけで生きていくことは難しいから。

そういうときには、見て触れて感じたときに、頭の中で言葉にしてみるんだ。それから言うべきか言わないべきか、ちょっと考えてみよう。1秒でも止まることができれば、それは本当にすばらしい成長なんだ。

それでもできないときには、周りに手伝ってもらおう。静かに動かずにいられるときに、よく声をかけてもらおう。そして、信頼できる人と一緒《いっしょ》に動き方を学んでいこう。

すぐに怒ってしまうあなたへ

すぐにカッとなってしまうと、物に当たったり、人のせいにしたくなるよね。

でもあなたが、本当にしたくてやっているわけではないということを、私は知っている。

今はそうしないと怒りの発散ができないって、苦しいことだと思う。

怒りを飼いならす方法って実はあるんだ。

我慢するってことではないよ。怒ったときに、その場から離れるっていうことが第一段階なんだ。

怒ったときに、相手や周りの人に心配をかけるよりも、どうすれば気持ちが一人で切り替えられるか、そのためのクールダウンの方法を私と探してみよう。

上手に離れられたら、私とあなたで〈お祝い〉をしていこうね。

変化があったり、思ったとおりにいかないことがあっても、気持ちを切り替える練習をしていこう。

言葉がまとめられないあなたへ

あなたは、話す言葉がバラバラになっちゃうんだね。頭の中が散らかっているタイプかもね。しかも、失敗したことを伝えることができないんだね。

それはとってもつらいこと。あなたに一つ聞きたいことがある。

「あなたの頭の中には記憶があるのかな？　それが言葉にできないのかな？」

そういう人がいるんだよ。私がゆっくり質問して、書き出してみるから、一緒《いっしょ》に言葉を編《あ》んで練習をしていこう。

字が書けない、文字が読めないあなたへ

あなたは文字を書こうとしても、手が止まってしまったりするよね。普通に書こうとしても、書けないことで、とってもつらい思いをしているよね。

でも大丈夫。一緒《いっしょ》に攻略法《こうりゃくほう》を探していこう。あなたが読みにくいなら私が読んであげよう。書きにくいなら、書いて知らせてあげよう。

あなたの手となり足となりになるから、私と共にやっていこう。まずはなぞること、指で追って文字を読むところから始めよう。面白くないって？　うん分かった。なら私があなたの好きな言葉を並べるから読んでみるってのは、どうだい？　まずはここから始めよう。

算数が苦手なあなたへ

算数で計算することが苦手なあなたへ。計算するときに数を指で数えてしまったり、そもそも計算が頭の中に浮かばない人もいる。そういうのがあなたかもしれないね。

どんなに頑張って計算しようとしても、いやになってしまうのは、周りと自分が違う存在だって思うから。それであきらめてしまうことだって、あるかもしれない。

あなたは、そういう意味ではとても空気が読める人だと思う。私と一緒《いっしょ》に頑張ろうとは言わない。私と一緒に無理やり計算しようとも言わない。

計算機でも、電卓でも、エクセルでも、どうすれば計算が楽にできるか攻略法《こうりゃくほう》を考えよう。算数や数学では計算することが大切なんじゃなく、解き方を理解したり、理屈《りくつ》を学ぶためにそういう勉強はあるんだ。

少し計算ができる人には、私が、ブロックのような具体的な物や絵、イラストから、算数のイメージがもちやすいように教材を工夫してみるし、あなたの好きなキャラクターを使いながら、計算する楽しみを少しでも見つけていこう。

何より問題が解けることが、私とあなたの絆《きずな》になるから。もっと仲良くなろう。

勉強が分からないあなたへ

なぜ勉強をしなければならないのかを、私と一緒《いっしょ》に考えてみよう。これは、一人ひとり答えが違うと思うんだ。だって個性は、違っていて当たり前だから。納得《なっとく》するところも人それぞれなんだよ。

じゃあ何で勉強をしなければならないんだろう。何で学校にいかなければならないんだろうか、私と共にいろんな人に聞いてみよう。きっと答えは人それぞれだと思う。

でも今のあなたが何で勉強しなければいけないのか、何で分からないのがつらいのか、まずはそこを確認していこう。

学校の勉強は、座ってすることだけではないよ。音楽だって体育だって休み時間だって学活だって、あなたにとっては大切な勉強なんだよ。人と会って遊ぶことも勉強なんだ。

勉強は何が大切かっていうと、「学ぶ」ことなんだ。何か知ったこと、感じたことを、自分で考えて答えを見いだすことが学ぶことなんだ。だから、あなたにとって、何が一番生きやすい学びなのか、私と一対一でとことん話し合っていこうよ。

◎感覚の世界にいるあなたへ

感覚刺激に浸《ひた》っているあなたへ

壁を触って歩く、手のひらをヒラヒラさせるという行動が好きなんだね。

大きな声でテレビのフレーズを繰り返し言う、鼻歌を歌うのも好きなんだね。

物を一列並べて見る、自分の書いたフレーズをじっと見る、電車などを目の近くで見ることも、よくやっているよね。

私は、あなたがどんなときにそれをしたい気持ちになるのか、よく見ておくね。

たぶん、あなたにとっては、リラックスしたいだけなんだよね。

周りの人はあなたを責めるかもしれないけど、私は責めないよ。

私は教えたいんだ。あなたが1人で遊ぶよりも、私と2人で遊ぶことで、世界が2倍も10倍も100倍も面白くなることを。

あなたは、拒絶《きょぜつ》するかもしれないけど。

あなたが、許してくれる範囲で、一緒《いっしょ》にやってみよう。
2人でぐるぐる回ったりしてみよう。もっと楽しいかもしれないよ。

感覚の過敏さがあるあなたへ

あなたは、とっても感覚が鋭《するど》い人だね。音にも臭《にお》いにも、肌も敏感だよね。ある人は、大きなピアノの音を聞くと、音に心がわしづかみにされてしまうから、働くときも休憩《きゅうけい》をとらせてもらっているよ。

あなたの感覚過敏で、まずはどうすれば安心できるか私は知りたいと思っているよ。そこから始めるんだ。我慢しても慣れることはないよ。

でもね、その過敏さから離れる練習をすれば、すごく安心するんだ。その方法をまずは身につけていこう。あなたが安心でいられるなら、私も安心だから。

耳をふさいでしまうあなたへ

あなたは、その音が苦手なんだね。うるさかったり、突然鳴ったり、それとも気に入らない音だったのかな。

周りの人はそんなことないのに、自分だけって悩まなくてもいいよ。

本当に不快な音は聞きたくないし、心がつらくなるのは何よりあなたなんだ。

私と一緒《いっしょ》に落ち着けるものを探そう。イヤマフだったり、耳栓《みみせん》だったり、ノイズキャンセリングヘッドフォンだったり、他にもあなたが大好きな玩具《おもちゃ》だったり。私とあなたで、落ち着ける心の支えを探していこう。

苦手な感覚を我慢するだけじゃ、よくならないよ。

でも安心できるものを増やせば、何よりあなたの大好きな世界が、あなたを救うことになるのだから。

ゲームに没頭《ぼっとう》しているあなたへ

あなたはネットや携帯ゲームが面白いのかな？　寝る間を惜《お》しんで見ていたいものかな。それほど大好きなものなんだね。

じゃあ、ネットやゲームをやりすぎるとどうなってしまうのか、私と一緒《いっしょ》にネット依存《いぞん》の動画をみてみよう。

どうかな？　これでも続けていくか、それとも一緒に止めていく練習をするのか、私と考えよう。

止めるなら、私と約束をしよう。少しでも離れられたら、私と〈お祝い〉をしよう。お父さん、お母さんとは約束をしていないから責めてもいけないよ。私とあなたとの約束だ。守れたり、少しでも工夫ができたら、〈お祝い〉をしよう。

※動画検索サイトで「ネット依存」と調べれば、該当する動画を見つけられます。動画の内容を一通《ひととお》り、保護者の方や支援者の方が確認して、本人に合ったものか検討してから、見せるようにしてください。

◎あなたへ伝えたいこと

所属感《しょぞくかん》がないあなたへ

みんなと一緒《いっしょ》にいると安心できなくて、一人でいると安心できるんだね。

だから、部屋の隅《すみ》っことか、狭《せま》くて暗いところが好きなんだね。休み時間も本を読んでいたり、一人で歩き回ったりしてるんだね。

いいんじゃないかな。

あなたは、あなたで。

もしも、人と一緒にいることが苦痛だとしたら、一人の時間をどうすれば、謳歌《おうか》できるか考えよう。

それだと周りの大人からは「人と関わらないと将来困るよ」って言われるんだね。

じゃあ、あなたにとって信頼できる人を学校の中や、別のところや、病院や、福祉施設で探していこう。

にとって必要な人、あなたを必要としてくれる人を一緒に探しにいこう。
言うよ、「あなたを必要としている」と。

普通を求めるあなたへ

あなたは、今、自分自身の診断《しんだん》を知らないかもしれない。もしかしたら薄々《うすうす》、気づいているかもしれない。どうか、普通になるような努力はしないでほしい。命を賭《と》してまで普通にならなくていいんだよ。

「あなたは、あなただから、それだけで十分」

だから、自分と周りの違うところを、私と一緒《いっしょ》に見つけていこう。自分の得意と不得意を見つけていこう。私が付箋《ふせん》で書いて渡すから、あなたは分けっこすればいいだけ。それだけで、あなたは分かるはずだから。

一人でいるか、みんなでいるか、迷っているあなたへ

あなたは一人でいることが、つらいときがあるのかな、それとも一人のほうがいいときがあるのかな。

私と一緒《いっしょ》に、友達と仲良くなる方法（SST：ソーシャル・スキル・トレーニング）を練習していこうね。私のよくない見本を見て、どこが悪かったか教えてね。そしてあなたが、よい見本の練習をしてみる番だ。

勇気がいると思う。恥ずかしいと思う。私が少しでもよいところを伝えるから、安心していいよ。

そしてあなたが決めるんだ。休み時間に一人でいるか、みんなでいるかをね。どっちでもいいんだよ。あなたが一番大切にしているものを大事にするんだ。

ひとりぼっちのあなたへ

ひとりぼっちでどうしていいか分からないあなたへ。ひとりぼっちで、分かってもらえ

る人がいないって思うかもしれない。それはとてもつらいことだよね。ひとりぼっちと感じてしまったら、どうすればよいのか分からなくなるよね。

今、あなたが話している私がいるよ。時間は少しかもしれない。月に1時間とか決められているかもしれない。また会う約束をして、次会えるのが当分、先のことかもしれない。あなたに覚えておいてほしい。私は、あなたと出会ったことは、記憶しているよ。そして、いつも大切に思っている。

あなたは待ち遠しいと思う。数日かとか、1か月かとか、必死に耐えていることは知っている。それでも待てなくなってしまうのであれば、相談できるところを探してもいいんだよ。相談できる支援者、市役所や区役所などに話してみてもいいよ。

「つらくて我慢できない」んだって。「気持ちが切れそうだから聞いてほしい」と。そういうときに、誰《だれ》に、どこで支援をしてもらっているのか、支援者に話してもらってもいいかな。あなたを助けるチームができるかもしれないから。失敗することだってあるかもしれない。でも私はなんとかしたいと思っているんだ。

社会を責めているあなたへ

社会のせいだ、行政《ぎょうせい》が悪い、支援者が悪い、親が悪い、相手が悪いとあなたはそう思うんだよね。それさえも否定《ひてい》されたら、どうしていいか分からなくなるよね。

じゃあ私と一緒《いっしょ》に、1000回言ってみよう。決して、ネットに載せてはいけないよ。形に残ることはしてはいけないよ。一人で言葉で言ってみるんだ。誰《だれ》かに言えば迷惑《めいわく》をかけることになる。

やったかな。「じゃあ質問したい」。あなたが言葉を発したことで、今この時点で社会が変わったかな？　どうだったろう。

自分を愛せないあなたへ

あなたは自分が愛せないと言っているね。どう愛してよいのか分からなくなって、不安になることがあるんだね。今の自分がこんなはずじゃなかったと思うことがあるんだね。発狂したくなって、泣き叫びたい気持ちを必死にこらえて生きているんだね。周りに相談したら、愛せないのを自分のせいにされたりすることもあったと思う。

でも違うよ。あなたが愛せないと思っていることが大切なんだ。まず、ここから始めよう。あなたはあなたのままでいいと思えないなら、私があなたを大切にする。まずはここから。この文章から。そうここから、あなたがあなたと認めてくれて、愛してくれるものを探しにいこう。焦《あせ》っちゃ駄目だよ。

そして、あなたを愛してくれるのは人とは限らないよ。変わらない風景、それがキラキラしたアクセサリーのようなものになるかもしれない。全《すべ》てあなたを守ってくれるものになるかもしれない。そういう人やものをこれから一緒《いっしょ》にゆっくり探していこう。

最後に、私からあなたへ

私はあなたを一番大切に思っているよ。

私は、時には、あなたと一緒《いっしょ》に笑ったり喜んだり、時には一緒に泣いたり、時には一緒に怒ったりするかもしれない。

でもあなたを普通にしようとは思っていないんだよ。

あなたの人生は、あなたが主役。あなたが人生の主人公だから。

私の役割は、あなたを応援する応援団のひとり。

それは全国どこに住んでいても変わらない。遠く離れていても、あなたのことをずっと大切に思っている。

見放さないよ。一緒に考えるよ。一緒に悩むよ。そして、解決していくんだ。

それが私の役目。

理不尽《りふじん》に叱《しか》ったりすることは絶対にない。意味もなく叱ったりすることもない。だってあなたの心を苦しめたくはないから。

ずっとそばにいるから。安心して、学んでいこう。

この章の最後は、当事者の方を支えてくださる社会の皆さんに送りたいメッセージを紹介して終わりにしたい。

ここでは、著者＝ボクと表現をする。複数の当事者から聞き取り、ボクの感想や思いも含めた言葉を紹介したい。

ボクの独断《どくだん》の言葉ではないこと、ボクの周りにいる声を上げることが難しい人たちの思いを背負って発言する言葉であることを承知してもらいたい。ただ、これは当事者全体の総意というわけではなくて、一部の声だと思ってほしい。

そのうえで、当事者のボクから、周囲の方に贈りたい手紙を書く。感謝の言葉も添えて。

◎当事者からのメッセージ

ボクたちを見守ってくれてありがとう

「ありがとう」

どんなことがあっても、根気強く、一生懸命に関わってくれてありがとう。

パニックになって怒っても、泣いても、一緒《いっしょ》にそばにいてくれてありがとう。

困ったことがあってもなくても、話をいつも聞いてくれる姿勢《しせい》をもってくれてありがとう。

障害があっても一人の人間として関わってくれてありがとう。

本当に感謝ばかりです。

一緒に寄り添ってもらうことで、自分にとっていやな人が分かるようになった。

誰《だれ》に要求をしたらよいのか、分かるようになった。

怒られなくて、安心して過ごせるようにしてくださって、嬉しいです。

自分の頑張りを認めてくれて、また次をやってみたいと思えて嬉しいです。

ありがとう。
そして、さようなら。
今は安心して過ごせるから、もう大丈夫。
また会いにいきます。
ありがとう。

ボクたちの声を奪わないで！

声を奪わないで。支援を減らさないで。

当事者にとって、どうしても必要な支援というのがある。それは要求できるカードだったり、スケジュールだったり。ボクたちが今ここにいる環境だってそう、部屋のセッティングとか、よくいる場所もそう。他にも、音がつらい人だったら、イヤマフをさせてあげてほしい。光がまぶしかったら、サングラスを試してみてほしい。

社会に出たら支援だって何もないから、そういう環境に慣れないといけないという思いを、決してもたないで！　要求できるカードだったり、スケジュールだったりがなくなってしまったら、もうどうすればいいのか分からなくなるから。

小さい頃や小学生のときのボクだって、どう声を上げたらいいのか分からなかったし、そもそも声を上げたら怒られていたから。言葉がつたないかもしれない。上手《うま》く伝わらないかもしれない。目で訴えるだけかもしれない。泣いたり怒ったりパニックになって伝えるかもしれない。

でも、怖そうに、冷たそうに、腫《は》れ物《もの》を扱うようにだけは、接してほしくない。だから、ボクたちに声を出せるように、声が出しやすいように、温かな目で関わってほしい。

当事者が苦しむとき

当事者が生きづらさで苦しむときをたった一言で表すなら、〈選択肢《せんたくし》を奪われたとき〉なんだ。それだけが言いたかった。それだけが伝えたかった。

例えば、支援者の間《あいだ》で支援の検討をすること、家族の中で本人抜きで将来を決めること、これには当事者の姿も声も何もない。

当事者の前で伝えられないことを、当事者以外の場で話さないで。

当事者が聞いて悲しい顔になるような話を、裏でしないで。

当事者が失敗しても分からないなら、困って失敗するまで待とう、って言わないで。失敗は死ぬほど怖いものだから。

どうすればよいのか、まずボクたちに確認してほしい。どうしたいのか、どうするのかの話し合いに、まずは参加させてほしい。お願いだ。

叱《しか》らないで、怒らないで

褒《ほ》められたことは一瞬で忘れるかもしれないけど、怒られたことは一生残るんだ。身体の中に怖い記憶が残ってしまうんだ。それが一生涯《いっしょうがい》、心と身体を苦しめていくんだ。

当事者にとって、叱られるのはとても怖い。何より、顔が怖い、声が怖い、立ち姿が怖い。怖いことしか残らず、何がいけなかったのか全然覚えられない。そしてまた怖い思いをする。

だから、怒らずに、穏《おだ》やかに伝えてほしい。伝えることでもつらいのであれば、どうすればよいのか、書いてほしい。また分かるように、張り紙を張っておいてほしい。それだけでボクたちは安心するから。

ボクたちは失敗をするために産まれてきたわけではない。褒められたり、認められたりしたいために生まれてきているんだ。

ボクたちは、なまけてなんかいない

ボクたちは失敗作ではない。だからやる気がないとか、なまけているとか言わないでほしい。

発達障害は、「今を生きる障害」なんだ。今が不安で、今が怒りで満ちていて、今は落ち着かなくて、パニックになったりする。取り乱すことも多い。

だけど、ボクたちは、この人生を必死に生きているからこそ、不安になったり、怒ったり落ち込んだりするんだ。

だから一緒《いっしょ》に悩んでほしい。一緒に喜びを分かち合ってほしい。一緒に全《すべ》てを共にしてほしい。そうしてくれるほど、ボクたちは何より嬉しいことが多くなるんだ。

そんなの誰《だれ》にでもあるよって言われるのは、つらい

「不注意があって片づけられないんです」と言えば、「そんなの誰にでもあるよ」と言われることがあるんだ。

それじゃあ、なんで自分が発達障害ってわざわざ言わなければいけないのか。障害という、一生消えることのないものを背負ってしまわないといけないのかって、悩んでいる人も大勢いる。

必死に手助けがほしいと思っているところに、そんな言葉をかけられると、悲痛な思いにかられてしまうんだ。

だから、「そうか、大変でしたね」って言ってほしい。

障害のあるなしにかかわらず、という言葉

障害のあるなしにかかわらず、という言葉は、とある用語から引用されているんじゃないかと思うんだ。

でもよくよく話を聞いてみると、「障害のあるなしにかかわらず、みんな苦しいんだから我慢しなきゃ」という言われ方をする人も多いんだ。その言葉の使い方は間違《まちが》っていると思うんだ。

ボクたちが存在してはならないのかって思ってしまう。

だから最後まで言葉を省略せずに言ってほしい。

ボクたちは言うよ。

「障害のあるなしにかかわらず、みんなが公平（フェア）に機会を得られる社会にしていこう」ってね。

◎ボクからのメッセージ

一般の方へ

発達障害という言葉は知っていても、どんな人たちなのかはよく知らない一般の方へ。最近、メディアで取り上げられていたり、本屋でもそういう本を目にすることが多くなったので、言葉は知っている人も多くなったと思います。こういう本を読んで、「身近《みぢか》にはいないな」と思われるかもしれません。

しかし、駅でもスーパーでも、どこにでも障害をもつ人はいます。わざわざ障害者ですと看板を掲げて歩き回っているわけではないからです。そう、障害をもつ人たちは、社会の中でひっそりと暮らしています。そう、あなたのすぐそばにいるかもしれません。

ボクは小学校や中学校に行って、生徒に向けて講演をします。ボクが登壇《とうだん》したときに、生徒の皆さんはびっくりされます。だって外見からは本当に分からないから。今回の本は、外見ではなく、発達障害の内面について語ったものです。そういう世界があるのかと興味《きょうみ》をもっていただけると嬉しいです。

学校の講演で、障害者のイメージとは、とボクが質問したことがあります。ある人が「かわいそう」という言葉を言ってくださいました。でもボクは、かわいそうと思われたくありません。一人の人間として、ただただ接してほしいと願うばかりです。

ボクが言いたいのは、（発達障害に限らず）障害をもつ人たちは、地域でひっそりと暮らしているということ。温かい目で見守ってもらい、何か困っていそうであれば声をかけてもらえると幸いです。ただ、一般の方の手助けや援助を断《ことわ》ることもあるということだけは、頭においてもらえたらと思います（ありがとうと言うことも、断ることも、当事者の権利だから）。

園や学校の先生へ

今まで出会ってきた先生は、いつもボクを見守ってくれました。時には叱《しか》り、時には褒《ほ》め、時には説得してくれました。いつも真剣な表情で真面目《まじめ》に話をしてくれました。本当に感謝しています。

でも、ボク自身が納得《なっとく》できないまま大人になり、しかも叱られたことは覚えていません。褒められたことも、ほんのちょっとだけしか覚えていません。それは、紙に書いてもらえなかったから。書いて説明してほしかった。特に叱られるときに限って、紙に書いてもらえない。感情が高ぶっていることを、必死で抑えていることしかできませんでした。それは大人になっても変わりませんでした。ボク自身もどうしてほしいのか、どうしてほしかったのか、伝えることができず、大変申し訳なく思っています。

園の先生や学校の先生は、ボクにいろいろなことを教えてくれました。それは感謝しています。強く印象に残ったのは、呆《あき》れることなく、何度も何度も根気強く勉強の方法や社会スキルなどを教えてくれたこと。学校生活の中で身につけることはできませんでしたが、大人になってから少しずつできるようになりました。

今、園や学校に通っている子どもたちが、すぐにはできなくても、将来への投資だと思って、褒めたり、労《ねぎら》ったり、認めたりしながら支えていただけると嬉しいです。

友人へ

こんな乱暴で激情型《げきじょうかた》のボクと、ずっと付き合ってくれてありがとう。

学校でも職場でも、いつも友人が助けてくれたことを感謝しています。ボクは、人に興《きょう》味《み》がなく、自分がしたいことだけやってきた人間です。なので、本当にいろいろと迷惑《めいわく》をかけながら友人関係を維持《いじ》してきたと思います。

発達障害の診断《しんだん》が下りてから、対人関係はギブアンドテイクだということにハッと気がつきました。それでも、時すでに遅《おそ》しという関係もあり、とても後悔しているところです。

今でも、こんなボクに寄り添ってくれる人、遠くにいてもいつも心配して連絡をくれる人、あきらめずに変わった人と思って関わってくれる人、本当に感謝しています。

発達障害の人は、対人関係において不器用な人が非常《ひじょう》に多いです。手助けの求め方が上手ではないことも、あるかもしれません。怒ったり泣いたりして、迷惑をかけるかもしれません。でも、みんな悪気があるわけではなく、一生懸命に生きているのです。

友人にとっては、危なっかしくて、心配になることもあるでしょう。それでもなお、そばにいてください。そばにいるだけで、安心するのです。そういう安心した関係を心のオアシスのようにつくってもらえるだけで、人生捨てたものではないと感じることが多くなると思います。

職場の方へ

診断《しんだん》があったボクを会社で雇ってくれて、ありがとうございます。会社で働くときに、「あなたは地域にとって宝のような存在です」と言ってもらったこと、本当に心に残っています。そして働き出したあとも、障害者としてのボクではなく、一人の人間として居場所《いばしょ》をつくってくれたこと、本当に感謝しています。

発達障害の人たちからたくさんの話を聞くことがありますが、多くの人が悩んでいることとして「自分が仕事をしていてよいのだろうか」「会社の邪魔者《じゃまもの》ではないだろうか」と思うことがあるそうです。

ボクも仕事ができる、できないといった生産性で区別をされると、非常《ひじょう》に心を病んでいってしまいます。発達障害の人には、一生懸命頑張る人が多いです。でも過去の失敗経験や診断を開示《かいじ》して働くことで、プライドを捨ててなんとかやり直そうとする人もいて、みんな必死な中で働いています。

ボクは、会社は一つの居場所だと思っています。必要とされること、役立っている感覚があることが、多くの当事者にとって、仕事を続けていくうえで心の支えになっているのです。

発達障害の人の特性のひとつとして、暗黙《あんもく》の了解が分からないということがあり、上司や同僚から言葉にして「役立っているよ」「必要としているよ」とはっきり伝えてもらえると嬉しいです。

邪魔者扱いされ続けてきた存在の人も多くいて、就労《しゅうろう》場面が少しでも生きやすい居場所になることを願っています。

支援者の方へ

「発達障害特有《とくゆう》の世界はあるんです」とボクは毎回伝えています。発達障害やその他の障害のあるなしにかかわらず、公平な社会の実現には、少し別の視点からの話になるかもしれません。でも発達障害の特有の世界観を理解しないまま、発達障害の支援ハウツーだけで当事者に接しても、それは当事者からすれば、押し付けになると思います。

全《すべ》ては、当事者が決定できるという権利のもと、それに対して支援をする者が支援者であることに、誇りをもって取り組んでもらえればと思っています。

ボクも発達障害の子どもから大人までの療育《りょういく》やカウンセリングを行っていますが、知的障害が重くても軽くてもそんなことは関係なく、判断ができないと決めつけずに、当事者の意思《いし》を最優先にして、支援を進めていかなければならないと思っています。

また、支援者として当事者に関わるときに、「支援者本位な考え方で勝手に進めていっているのではないだろうか」と不安に思うことが常にあります。「当事者のためにならないような支援をしていないだろうか」と考えるときもあります。常に、当事者やその家族を優先にして、その人たちが一番生きやすく生きられるための方法を全力で考えるようにしています。

全てボクのように支援をしてくださいとは思いません。でも、当事者の今を支援してほしいです。将来のことを思い支援をする場合には、厳しい対応にならないように、心がけてもらえればと思っています。

全ては、当事者の生きやすさのために。

当事者の家族の方へ

ボクは何年も保護者の会に出たり、療育《りょういく》やカウンセリングで保護者の方と一緒《いっしょ》に悩んだり、喜んだり、情報交換をしたり、励《はげ》まし合いながら、ここまで来ることができました。本当に今、ボクが発達障害支援をできているのも、当事者の保護者の方が、ボクを育ててくれたおかげだと思っています。

保護者の方は、家庭や仕事などさまざまな状況の中で、子育てをしています。本当に毎日が大変で、毎日悩みながら生活されていることと思います。

ボク自身が、発達障害の子どもをもつ家庭の子育ては、「テクニカルな子育て」と表現するほど、毎日笑ったり、怒ったり、泣いたり、暴れたりすることだってあると思います。そういう経験があるからこそ、「あり得ないことがあり得る」という多様な考え方をもてるのではないでしょうか。

一言で言い表すことはなかなか難しいですが、試行錯誤《しこうさくご》しながらわが子の将来のことも考えながら生活することは、すばらしいことだと思います。

だからこそ、どんな些細《ささい》なことであっても、どんなに大きな問題であっても、見放すことなく、最後まで納得《なっとく》がいくまで一緒に考える姿勢《しせい》をもっていくことが、ボクの使命ではないかと思っています。

それでも本当に大変でつらいこともあるかもしれませんが、そういうときに一つだけ伝えたいことがあります。

「助けて」って言えること。支援者でも、親でも、親戚でも、誰《だれ》でもよいので、本当につらくなったときには、声を出して伝えてください。保護者の方が少しでも楽に生きやすく生きられることが、当事者の子どもにとっての生きやすさにもつながるのですから。

全《すべ》てをひっくるめて、ボクが言いたいことは、「本当にありがとう」ということ。

そうボクは、最後に伝えたいです。

おわりに ――「ありがとう」をあなたに

この本を読んで下さった方、本当にありがとうございます。感謝しかありません。

ボクには、ボクが産まれる一年前に流産《りゅうざん》したきょうだいがいました。小学校の頃、起こしたくて起こしたわけではなく問題行動ばかりだったボクは、「ボクはいなくてもいいじゃないか、流産したきょうだいが産まれてくれればよかった」と何度も親に確認しました。そう、ボクは存在してはならない人だったのかもしれないと、小学生の頃から悟っていました。

それがどんなにつらかったか。親はいつもこう答えてくれました。

「あなたは、いてもいい子なんだよ」と。

それが嬉しい反面、何よりも信じられませんでした。いつも親に迷惑《めいわく》をかけ続けていたボクにとっては、ボクは邪魔《じゃま》な存在でしかないのかなと思い続けていたから。でも何年も親はボクのことを「いてもいい存在だ」と言い続けてくれました。そんな親に感謝しています。

全《すべ》ての人が親から「いてもいい存在だ」と言ってもらえていないというのは、今のボクは痛いほど分かっています。そういう境遇《きょうぐう》になかった人も、たくさんいるのではないかと思っています。

だからこそ、ボクは社会に発信していかなければならないと感じています。発達障害の人、その他の障害の人など、さまざまな生きづらさをもった人に対して、ボクが「ありがとう」「愛している」「見放さないよ」「生きやすく生きよう」と伝えていく番だっていうことを。

もしもこの本を読んで下さった方で、生きづらさから生きやすさのための支援をしたいと願う方がいたら、ぜひとも自分の身近《みぢか》な人に感謝の言葉を伝え、どうすれば生きやすくなることができるのか、一人ひとり真剣に話し合っていただければ幸いです。

最後になりましたが、発達障害というのは、外見からはなかなか判断されにくい障害です。はたから見ても普通な人と判断されることが多く、偏見《へんけん》や差別《さべつ》を受けることが実際にあります。

でも、発達障害という言葉を通して、外見からでは判断できない人の内面だったり、脳の機能の偏《かたよ》り、能力の偏りなどを障害や個性と考え、多様な社会にしていくための一つの考えるきっかけが生まれるのではないかと思います。

社会が変わっていくことで、この発達障害という言葉がなくても、全ての人が生きやすく、受け入れられる社会になることをボクは祈っています。

「全ては生きやすさのために」

2019年11月　難波《なんば》寿和《ひさかず》

［著者紹介］

難波 寿和《なんば・ひさかず》

1982年岡山県生まれ。兵庫教育大学大学院・学校教育研究科障害児教育専攻を修了後、福祉施設で心理士として勤務。2012年に自閉スペクトラム症と社交不安障害、その後、うつ病と診断され休職。心理士という専門職として働き続けていくために、自身の障害や疾患を開示したうえで周囲のサポートを受けながら、島根県を拠点に療育やカウンセリング、家族支援に携わっている。「発達障害児者支援サービススモステABA」代表、「山陰発達障害当事者会スモステの会」代表。全国各地での講演活動にも努める。2016年に初の単著『14歳からの発達障害サバイバルブック 発達障害者＆支援者として伝えたいこと』（学苑社）を刊行。

こちら、発達障害《はったつしょうがい》の世界《せかい》より

生《い》きやすく生《い》きることを求《もと》めて

2019年12月28日　初版第1刷発行

著　者　難 波 寿 和
発行人　小 林 豊 治
発行所　本の種出版

〒140-0013　東京都品川区南大井3-26-5
カジュールアイディ大森15　3F
電話 03-5753-0195　FAX 03-5753-0190
URL http://www.honnotane.com

◉装画・本文イラスト：Tokin
◉ブックデザイン：小川 純（オガワデザイン）
◉印刷：モリモト印刷

ISBN 978-4-907582-20-3
Printed in Japan

ミライのパスポ

創刊の言葉

2019年、冬。
混沌としたミライを渡っていくための、
本という名のチケットを贈り始めます。

本の種レーベル『ミライのパスポ』

「人の数だけ、思い描いている生き方や、社会のあり方がある」

このレーベルに名を連ねる人たちは、
何かの「先生」ではありません。
ありきたりのサクセスストーリーはなくて、
ただ一心に自分の選んだ道を、迷いながらも進んできた人ばかり。
そして、まだ、人生という長い長い旅程の途中に、佇んでいます。

示したいのは、誰もが気づいているようで気づいていない、
そんな生き方や考え方。
こうでなければならない、こうしなければならない、
という「常識」のフィルターを外して歩き出すと、
思ったよりも世界が広く、大きく見えてくるかもしれません。

その先に待っているのは、なんでもできる／なんでもやっていい、
という自由とも異なる、自分にとっての最適解を探していく、
旅のようなものではないでしょうか。
ただ、主義・主張を訴えるのではなく、
何かしらのコア＝「核」をもつ著者たちが贈る、
今を生きるためのヒントが散りばめられた、
そんなレーベルをめざしていきます。